权威·前沿·原创

皮书系列为
"十二五""十三五""十四五"时期国家重点出版物出版专项规划项目

BLUE BOOK

智 库 成 果 出 版 与 传 播 平 台

网络文明蓝皮书

BLUE BOOK OF INTERNET CIVILITY

深圳市民网络文明素养报告（2023）

REPORT ON SHENZHEN CITIZENS' INTERNET CIVILITY LITERACY (2023)

中共深圳市委网信办
深圳大学传播学院 ╱ 研创

社会科学文献出版社
SOCIAL SCIENCES ACADEMIC PRESS（CHINA）

图书在版编目（CIP）数据

　　深圳市民网络文明素养报告. 2023 / 中共深圳市委
网信办，深圳大学传播学院研创. --北京：社会科学文
献出版社，2023.3
　　（网络文明蓝皮书）
　　ISBN 978-7-5228-1413-1

　　Ⅰ. ①深… 　Ⅱ. ①中… ②深… 　Ⅲ. ①互联网络-精
神文明建设-研究报告-深圳-2023 　Ⅳ. ①D64

　　中国国家版本馆 CIP 数据核字（2023）第 022091 号

网络文明蓝皮书
深圳市民网络文明素养报告（2023）

研　　　创 / 中共深圳市委网信办　深圳大学传播学院

出 版 人 / 王利民
责任编辑 / 韩莹莹
文稿编辑 / 赵亚汝
责任印制 / 王京美

出　　　版 / 社会科学文献出版社·人文分社（010）59367215
　　　　　　地址：北京市北三环中路甲 29 号院华龙大厦　邮编：100029
　　　　　　网址：www. ssap. com. cn
发　　　行 / 社会科学文献出版社（010）59367028
印　　　装 / 三河市东方印刷有限公司

规　　　格 / 开　本：787mm×1092mm　1/16
　　　　　　印　张：16　字　数：238 千字
版　　　次 / 2023 年 3 月第 1 版　2023 年 3 月第 1 次印刷
书　　　号 / ISBN 978-7-5228-1413-1
定　　　价 / 168.00 元

读者服务电话：4008918866

本书由中共深圳市委宣传部、中共深圳市委网信办、
深圳市文明办、深圳大学共同推出

研创单位简介

中共深圳市委网络安全和信息化委员会办公室（简称中共深圳市委网信办）是中共深圳市委设置的工作机关之一，为中共深圳市委网络安全和信息化委员会的办事机构，归市委宣传部管理，对外加挂深圳市互联网信息办公室牌子。主要职责为落实国家、广东省和深圳市关于互联网信息传播的方针政策和法律法规；做好深圳市互联网领域的信息内容管理工作，依法查处违法违规行为；统筹协调网络安全和信息化工作；协调、组织网上宣传和舆论引导工作；承办中共深圳市委、深圳市政府和中共深圳市委网络安全和信息化委员会交办的其他事项。

深圳大学新闻传播学科始建于 1985 年，1989 年正式开办广告学本科，此后陆续开办传播学、新闻学、网络与新媒体等本科专业。2006 年，深圳大学传播学院正式成立。深圳大学传播学院现有新闻系、广告系、网络与新媒体系三个系，分别设有新闻学、广告学、网络与新媒体三个本科专业，具有新闻传播学一级学科硕士学位授予权、专业硕士学位授予权和一级学科博士学位授予权，2019 年获批设立新闻传播学博士后流动站，目前有在校本科生及研究生 1400 余人。在 2021 年泰晤士高等教育中国学科评级中，深圳大学新闻传播学位列 B+ 类，排名全国第 10 位。在 2022 年软科中国最好学科排名中，深圳大学新闻传播学排名全国第 12 位。

《深圳市民网络文明素养报告（2023）》
编辑委员会名单

陈安繁　中国科学技术大学人文与社会科学学院副研究员

课 题 组 成 员

汪鸣卉　深圳大学传播学院研究助理

潘彦铮　中共深圳市委网信办网络传播处干部

罗笑婷　上海交通大学媒体与传播学院硕士研究生

戴苏徽　深圳大学传播学院硕士研究生

尹卓恒　深圳大学传播学院硕士研究生

黄诗怡　深圳大学传播学院硕士研究生

程　昀　深圳大学传播学院硕士研究生

罗炼炼　深圳大学传播学院硕士研究生

李梦瑶　深圳大学传播学院硕士研究生

肖韵秋　深圳大学传播学院硕士研究生

于　衡　深圳大学传播学院硕士研究生

黄汶汶　深圳大学传播学院硕士研究生

梁力丹　深圳大学传播学院硕士研究生

吴林蓉　深圳大学传播学院硕士研究生

康婉莹　深圳大学传播学院硕士研究生

尹　锐　深圳大学传播学院硕士研究生

前　言

2021 年，中共中央办公厅、国务院办公厅印发了《关于加强网络文明建设的意见》。该意见指出，要全面推进文明办网、文明用网、文明上网、文明兴网，推动形成适应新时代网络文明建设要求的思想观念、文化风尚、道德追求、行为规范、法治环境、创建机制。同年 11 月 19 日，首届中国网络文明大会在北京举办，大会主题为"汇聚向上向善力量，携手建设网络文明"。

"文明"是一种先进的社会和文化发展状态，也是筑稳根基、凝聚力量的精神标识。随着互联网渗透到社会生活的方方面面，网络文明成为社会文明的重要面向。加强网络文明建设也是推进社会主义精神文明建设、提高社会文明程度的必然要求。

网络文明建设的中国方案亟待探索，但科学的、本地化的、符合当下实际的网络文明指标体系仍付之阙如。中共深圳市委网信办和深圳大学传播学院作为此项目牵头人，充分发挥深圳作为中国特色社会主义先行示范区及互联网产业发展高地的优势，探索性地建立起较为完备的、可操作可量化的网络文明素养指标体系。这对于发挥网民主体作用、推广网络文明行为规范、倡导践行网络文明行为具有重要意义。

本报告围绕深圳市民网络思想素养、网络道德素养、网络文化素养、网络规范行为素养、网络自律及监督素养和网络公共参与素养六个方面展开，全面客观地展现深圳市民在网络空间中的意识、素养和行为实践，有针对性地分析和研判网络文明各个维度的优势与不足，为网络文明创建工作提供路

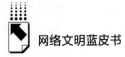

径和方案。

　　本蓝皮书是国内首次开展网络文明素养评估，难免有疏漏和不足之处，希望各位读者多加指正。未来，中共深圳市委网信办和深圳大学传播学院还将持续推进网络文明评估和建设进程，深化相关领域的研究。最后，向给予本次深圳市民网络文明素养调查工作支持的机构和广大网民致以诚挚的谢意！

中共深圳市委网信办、深圳大学传播学院

网络文明素养课题组

2023 年 2 月

摘　要

网络文明是新形势下社会文明的重要内容，是建设网络强国的重要领域。《深圳市民网络文明素养报告（2023）》在全国率先创建了网络文明素养指标体系，融合顶层设计与实践导向，涵盖网络文明底线保障和网络文明社会倡导两个视角，形成了 6 个一级指标和 22 个二级指标。本报告采用德尔菲法和层次分析法，构建了较为系统、完备的衡量标准和指标权重，并开展了科学、翔实的实证研究。基于对 11500 名深圳市网民的问卷调查以及对56293 名深圳市微博用户的大数据分析，本报告首次计算了深圳市民网络文明素养得分，并刻画了深圳市网民的"具体模样"。网络文明素养指标体系及评估结果可以为网络文明建设搭建框架、明确抓手，将网络文明建设工作落到实处。

本报告由一个总报告和七个分报告组成。总报告系统地梳理了国内外网络文明素养的相关研究，详细地呈现了网络文明素养指标体系的搭建思路与方法，并整体性地介绍了报告所采用的调研方法和数据分析框架。结合线上线下问卷调查和大数据分析的结果，总报告计算得出深圳市民网络文明素养的最终分值为 81.42 分。在此基础上，总报告提出网络文明素养的制度建设和保障机制，并为进一步提升网络文明素养提供了建议和对策。七个分报告分别从深圳市民网络思想素养、网络道德素养、网络文化素养、网络规范行为素养、网络自律及监督素养、网络公共参与素养以及网络表达内容的大数据分析七个维度，细化探究深圳市民的网络文明素养。分报告的结果显示，深圳市民的网络思想素养得分为 88.2 分，网络道德素养得分为 86.0 分，网

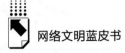

络文化素养得分为 80.4 分，网络规范行为素养得分为 75.2 分，网络自律及监督素养得分为 84.4 分，网络公共参与素养得分为 67.3 分。大数据分析显示，深圳市网民在网络不文明表达上应负向扣除 0.43 分。

本报告首次创建了符合当下实际的、科学的、本土化的网络文明素养指标体系，并对深圳市民的网络文明素养进行了量化评估，形成了相应的网络文明行为规范。基于深圳市民网络文明素养的表现，结合深圳市网民对深圳市强烈的归属感与对多元文化的包容和尊重，以及文化环境中的开放性、平等性和创新性特征，深圳市有着进一步加强网络文明建设的良好基础和充分土壤，将争取打造成为全国的网络文明建设新高地。

关键词： 网络文明　思想素养　道德素养　文化素养　行为规范素养

目 录 ⤷

Ⅰ 总报告

Ⅱ 分报告

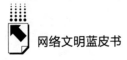
皮书数据库阅读**使用指南**

总 报 告

General Report

B.1

2022年深圳市民网络文明素养报告

张忠亮　曹博林*

摘　要： 网络文明是新时代社会文明的重要内容，是建设网络强国的重要领域。按照2021年中共中央办公厅、国务院办公厅印发的《关于加强网络文明建设的意见》，本报告在全国率先创建了网络文明素养指标体系，融合顶层设计与实践导向，涵盖网络文明底线保障和网络文明社会倡导两个视角，形成了网络思想素养、网络道德素养、网络文化素养、网络规范行为素养、网络自律及监督素养、网络公共参与素养6个一级指标，以及22个二级指标与若干具体题项。此外，邀请互联网相关政府工作者、互联网行业协会成员、互联网相关媒体记者、互联网研究专家学者、网民等5个类别的40名代表对各指标的构成和权重进行综合评估，最终形成了一套科学、全面的网络文明素养指标体系。本

---

* 张忠亮，中共深圳市委网信办副主任，研究方向为网络传播、网络文明、网络安全；曹博林，深圳大学传播学院网络与新媒体系主任、副教授，研究方向为网络传播、网络社会与心理。

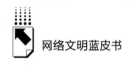

报告通过配额抽样抽取了11500名14岁及以上深圳市网民进行问卷调查，同时采用大数据分析方法对56293名深圳市网民的网络表达进行内容分析。结果显示，深圳市网民在网络文明六大素养上的得分为81.85分，在网络不文明表达上应负向扣除0.43分，两项相减，得出深圳市网民网络文明素养的最终分值为81.42分。在"十四五"开局之年，网络文明素养评估将为网络文明建设搭建框架、明确抓手，将网络文明建设工作落到实处。

关键词： 网络文明 网络素养 深圳

一 国内外网络文明素养研究回顾

2021年，中共中央办公厅、国务院办公厅印发了《关于加强网络文明建设的意见》。该意见指出，加强网络文明建设是推进社会主义精神文明建设、提高社会文明程度的必然要求，是适应社会主要矛盾变化、满足人民对美好生活向往的迫切需要，是加快建设网络强国、全面建设社会主义现代化国家的重要任务。网络文明建设是一项涉及面广、综合性强的系统工程。推进网络文明建设，应充分发挥各地各部门的积极性、主动性、创造性，坚持齐抓共管，广泛调动社会各界力量，形成全社会强大合力。中央、省、市各级相关部门已开展多项活动探讨其建设路径和方案，但目前尚缺乏明确的网络文明素养评估体系。

本报告旨在探索建立网络文明素养指标体系，对深圳市网民的网络文明素养进行量化评估，并形成相应的网络文明行为规范。深圳作为中国特色社会主义先行示范区以及互联网产业发展高地，在网络空间实践方面走在全国前列。建立健全网络文明素养指标体系、制定推广网络文明行为规范，能调动网络平台、网络社会组织和广大网民的网络文明建设主体意识，整体性提升社会的思想觉悟、道德水准、文明素养、精神面貌，推动网络文明创建活动深入开展。

网络文明是伴随互联网发展而产生的新文明形态，是现代社会文明进步的重要标志。在互联网渗入社会每一根血管的当下，加强网络文明建设，是推进社会主义精神文明建设、提高社会文明程度的必然要求。根据中国互联网络信息中心（CNNIC）第51次《中国互联网络发展状况统计报告》，截至2022年12月，中国网民规模已达10.67亿，10亿多用户接入互联网，使中国成为全球最庞大和生机勃勃的数字社会。巨大的网民规模为推动中国经济社会高质量发展提供了强大内生动力，也为网络文明建设带来了较大的挑战。在过去的二三十年间，互联网快速发展，行业乱象丛生，给网络文明建设带来了极大的挑战。随着中国互联网基础设施的完善和应用场景的广泛建立，建设与物质文明相一致的网络文明，提升社会主义精神文明十分必要。

关于网络文明素养的测量，微软公司自2017年开始发布"数字文明指数"（Digital Civility Index，DCI），主要对青少年和成年人四种类别的网络不文明行为即声誉、行为、性和隐私侵入的涉入程度进行调查。该指数数值越低（从0到100），用户遭遇的网络风险就越低，该国网民体验到的网络文明程度也就越高。在2017年调查的14个国家中，中国排名第八，排名第一的是英国。基于对"数字文明指数"的调研，微软公司提出了四大行为准则规范，分别是"增强互动中同理心""尊重网络不同观点和差异""三思而行不恶意攻击他人""为被网暴的人挺身而出"。

目前，国内尚缺乏广为接受且具有实证测量意义的网络文明衡量指标体系。微软公司的"数字文明指数"聚焦于狭义的文明定义，注重对网络个体层面的四种不文明行为的受众评估。而我国所提出的网络文明定义更为宽泛，包含各级政府、网络平台、互联网企业、社会组织和网民个人等不同主体，包括网络技术建设、网络内容建设、网络安全建设、网络舆论建设以及网民素养建设等关键层面，亦可分为网络技术文明、网络精神文明和网络制度规范文明等不同层面。

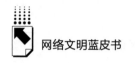

网民作为网络空间的主体，既是网络文明的参与者、建设者，也是网络文明的受益者。只有发挥网民主体作用，才能更好地助推网络文明建设，净化网络空间，共筑网上美好精神家园。加深对当下网民网络文明素养状况的认识，方能在网络空间思想引领、文化培育、道德建设、行为规范、生态治理和文明创建等维度将网络文明建设落到实处。而落实网络文明建设，首先需要建立概念共识。指标体系的建立有利于形成并强化文明共识，为网络文明建设提供抓手。同时，从网民主体出发理解网络文明建设理念，须探究网民从思想文化到道德行为、从个人认知到集体行为规范等诸多层面的素养，进而厘清网络文明的丰富内涵，为后续的网络文明建设提供抓手。因此，本报告以开发主体明确、概念界定清晰、可测量且数据可获得的网络文明素养指标体系作为重要目标，评估深圳市民的网络文明素养状况，为深圳市网络文明建设营造清朗网络空间助力。此外，建设可量化的科学的网络文明素养评估系统，对于各省份以及全国强化网络文明意识和引导网络文化走向规范化、常态化、健康化亦具有显著意义。

从政策上来看，中共中央办公厅、国务院办公厅于 2021 年印发的《关于加强网络文明建设的意见》提出了六大核心工作，即加强网络空间思想引领、网络空间文化培育、网络空间道德建设、网络空间行为规范、网络空间生态治理、网络空间文明创建。本指标体系以该意见为纲领，针对性梳理网络思想素养、网络道德素养、网络文化素养、网络规范行为素养、网络自律及监督素养、网络公共参与素养六大主要素养的相关文献。

（一）网络思想素养

加强网络文明建设首先需要筑牢网络思想基础，坚持以习近平新时代中国特色社会主义思想为指导，强化爱国、法治、国家主权等基本思想在网络空间中的认知和认同，同时提升网民对习近平新时代中国特色社会主义思想的理解和认同。网络思想素养的提升是高质量建设网络文明的题中之义和必然要求。爱国与法治是社会和公民层面的价值准则，是国家长治久安的思想保证，而网络主权意识是网络时代维护国家安全必不可少的精神力量，是国家安全链中的重要一环。

爱国意识反映了个体对自己国家的热爱、自豪感和归属感。在社会文明高度发达的今天，爱国已经不仅仅是一个人热爱国家的朴素情感，更是一种基本的公民意识。有学者认为爱国意识集中体现在公民对国家民族身份的认同感和对国家的责任感之中①。爱国主义区别于民族主义，爱国主义更强调个人健康的、建设性的、宽容的爱国情感，未必会导致排外倾向和支配倾向。在概念化和操作化的层面，学界常用国家认同（National Identity）、国家归属感（National Attachment）、国家亲近感（Close to Nation）等概念对爱国意识进行测量。陆晔将国家认同概念化为民族主义、世界主义、地方主义三个维度②；吕芳在对北京部分高校的大学生进行调查分析时，将国家认同分为政治认同、文化认同、全球化认同、归属联系、对国家能力的认可③。李琼在对新形势下大学生爱国主义的调查中将爱国主义区分为爱国情感（包括身份认同和文化认同）、爱国意识（主要指政治信仰）与爱国行为④。结合之前的文献和本报告的适用情境，本报告将网络爱国意识的测量分为两个部分，即网络国家认同和网络国家情感。其中，网络国家认同包括政治与文化认同，而网络国家情感则包括符号情感和建设性情感两个方面。

建设法治社会不仅需要完备的法律体系及制度，还对公民的法治精神、观念、信仰提出了要求。李昌祖和赵玉林认为，公民法治素养是指公民在日常生活中通过学习和训练，对现代民主国家中的法律规范、法律确立的制度、法律追求的价值的认识、理解、运用能力和信奉心态⑤。网络社会是现实社会的延伸，网络法治意识也是现实社会的法治意识的延伸。袁

---

① 郭殊、朱绍明、万杨：《海外留学青年爱国意识状况的实证研究——基于欧美日韩等国留学生的问卷调查分析》，《中国青年研究》2014年第9期。

② 陆晔：《媒介使用、社会凝聚力和国家认同——理论关系的经验检视》，《新闻大学》2010年第2期。

③ 吕芳：《北京部分高校大学生国家认同的调查与分析》，《政治学研究》2010年第4期。

④ 李琼：《新形势下大学生爱国主义教育的有效路径》，《思想理论教育导刊》2017年第4期。

⑤ 李昌祖、赵玉林：《公民法治素养概念、评估指标体系及特点分析》，《浙江工业大学学报》（社会科学版）2015年第3期。

文华认为，网络空间法治观念指的是网民在虚拟的网络空间里对法治所包含的价值的认知和追求，以及内化在网民的思想和行为之中，在精神和原则上发挥引导和制约作用的一般观念①。在对公民法治素养进行评估时，李昌祖和赵玉林将法治素养分为法治认知、法治思维、法治意识和法治信仰四个维度②，也有学者认为公民的法治素养意味着五种能力：认识到法律与日常生活的紧密关联、了解立法和执法等法律制度、理解法律是不断变化的、了解掌握法律并运用法律解决问题并且对法律进行批判性讨论、依照法的基本价值和原理采取行动③。结合以上评估维度和法治素养的定义，本报告将网络法治意识的评估维度确定为法治认知、法治思维和法治认同三个方面。

没有网络安全，就没有国家安全。网络主权意识也是网络思想素养的重要面向。随着信息技术的广泛应用和网络空间的兴起与发展，网络空间面临新的安全风险和挑战。在总体国家安全观视角下，网络空间有三大战场，即以政治和文化为主体的舆论战场、以经济为主体的市场战场及以军事为主体的信息战场④。目前，中国网络用户网络安全意识普遍薄弱，网络安全知识、网络安全技能均较缺乏，而中国网络安全保障也与先进国家有较大差距，这不仅关乎国家安全，也关系全民福祉⑤。有学者将国家安全意识分为对国家安全的整体认知和对国家安全意识的价值取向两个部分，其中对国家安全的整体认知包括对国家宏观安全形势的判断、对国家安全内涵的理解以及对国家安全重要性的认知，而对国家安全意识的价值取向分为忧患意识、责任意识⑥。本报告将在此框架的基础上，结合《网络安全法》《全国

① 袁文华：《加强当代大学生网络空间法治观教育》，《当代青年研究》2016 年第 4 期。
② 李昌祖、赵玉林：《公民法治素养概念、评估指标体系及特点分析》，《浙江工业大学学报》（社会科学版）2015 年第 3 期。
③ 王莹莹：《国民法治素养的现状、问题及对策》，《淮海工学院学报》（人文社会科学版）2016 年第 8 期。
④ 高志华、冯甜甜：《总体国家安全观视角下的网络空间安全》，《党政论坛》2018 年第 4 期。
⑤ 邱锐、卫文新：《大数据时代公众参与的国家网络安全体系建设》，《新视野》2018 年第 4 期。
⑥ 马玉香、刘青广：《新疆少数民族大学生国家安全意识调查研究》，《贵州民族研究》2014 年第 1 期。

人大常委会关于维护互联网安全的决定》等，设计网络主权意识的测量方案。

主流思想意识反映了国家主流意识形态的政治社会化能力，即民众接受和理解政治生活、政治制度、政治惯例的程度[1]。网络既扩大了国家主流意识形态的影响力，也有可能对主流意识形态的权威形成侵蚀[2]。建设网络文明须夯实习近平新时代中国特色社会主义思想在意识形态领域的指导地位，将主流政治理论和政治主张内化为整个社会普遍追求的目标。随着互联网日益成为意识形态斗争的前沿阵地，以习近平同志为核心的党中央针对网信工作进行了一系列重要的顶层设计与战略布局，强调"必须旗帜鲜明、毫不动摇坚持党管互联网"。党的十八大以来，网络强国战略、新时代网络安全观、清朗网络空间建设、建立网络综合治理体系等思想和部署渐渐彰显成效，推进网络空间健康有序发展，体现了党在网信工作中的前瞻布局和有效治理。提升网络主流思想意识，要加强对习近平新时代中国特色社会主义思想的认知和认同，包括网民通过网络学习和了解党的指导思想的行为实践，以及对主流思想中网络治理部分的认知和态度等。

（二）网络道德素养

道德是通过行为规范和伦理教化来调整个人之间、个人与社会之间关系的意识形态，是以善恶评价的方式调整人与社会相互关系的准则、标准和规范的总和。网络道德的重要功能是通过调节网络中人与人、人与网络社会、人与技术之间的关系，从而有效地维护网络社会的良善秩序。网络基本道德是"互联网+"时代中人与虚拟社会、人与网络群体以及人与自我关系调节的重要规约，赋予了网民在网络活动中的正确动机和理性的善恶评判标准[3]。

---

[1] 杨嵘均：《论网络虚拟空间的意识形态安全治理策略》，《马克思主义研究》2015年第1期。

[2] 岳爱武：《网络空间主流意识形态话语权建构的战略思考》，《哈尔滨工业大学学报》（社会科学版）2022年第1期。

[3] 王新欣、李凤春：《网民道德失范的审视与引导》，《人民论坛》2018年第29期。

传统道德发生作用的基础在于"熟人社会"的存在，因此传统道德在本质上是一种"熟人道德"①。网络的虚拟性及行为主体的匿名隐蔽特点，会导致交往主体之间的陌生化和传统"熟人社会"的消失，从而导致道德规范的外在约束效用明显降低②。有研究发现，与离线环境相比，人们对数字技术的不道德行为的接受程度更高③。与抄袭实体书相比，青少年更可能在网上抄袭相关作品④。在这样的环境中，作为工具性的外部规约的作用减弱，而作为规范性的内在价值对道德行为的作用开始凸显⑤。

网络诚信是指网络行为主体在所有网络行为中诚实守信、言行一致，不发布虚假信息、不侵犯其他网络主体的权利、不利用网络作为工具从事一切不诚信的行为⑥。与现实社会相比，互联网的开放性、虚拟性和平等性等特点使网络诚信问题显得尤为突出，这是由网络主体责任意识的缺失、偏低的失信成本以及较弱的网络社会诚信约束机制导致的⑦。在网络虚拟空间中，有效性承诺的缺乏导致人与人之间基本信赖的缺乏。目前我国现有法律尚不能覆盖所有失信场景，诚信更需要网络主体的自我约束来进行维持⑧。本报告对网络诚信意识的测量参考了 Schlenker 提出的诚信量表⑨。

正义意识可以被理解为一种价值观或信念，包括人们应该平等获得资

---

① 卢风、肖巍:《应用伦理学概论》，中国人民大学出版社，2008，第519页。
② 刘瑞复、李毅红:《思想道德修养与法律基础》，高等教育出版社，2009，第133页。
③ D. Poole, "A Study of Beliefs and Behaviors Regarding Digital Technology," *New Media & Society* 9 (2007): 771-793.
④ H. Ma, E. Y. Lu, S. Turner, et al., "An Empirical Investigation of Digital Cheating and Plagiarism among Middle School Students," *American Secondary Education* 35 (2007): 69-82.
⑤ 黄少华、黄凌飞:《网络道德意识与同侪压力对不道德网络行为的影响——以大学生网民为例》，《兰州大学学报》（社会科学版）2012年第5期。
⑥ 吴诗佑:《网络诚信建设研究》，硕士学位论文，电子科技大学，2005，第14页。
⑦ 刘梦慈:《网络社会诚信危机背景下的网络诚信教育研究》，硕士学位论文，华东师范大学，2014，第21页。
⑧ 何菁、孙松平、黄平:《再议网络生存的道德规范》，《江苏社会科学》2010年第S1期。
⑨ B. R. Schlenker, "Integrity and Character: Implications of Principled and Expedient Ethical Ideologies," *Journal of Social and Clinical Psychology* 27 (2008): 1078-1125.

源、权利和保护人权的想法，即结构性和社会不平等应该最小化，社会应该努力赋予弱势群体以权利等[①]。网络正义是网民在网络中彰显的正义，一方面，网络正义是现实社会中正义的延伸；另一方面，网络拓宽了人们对正义诉求的渠道，成为网民行使社会监督权、批评权的重要途径，模糊了权力、阶级、阶层甚至地理位置、国家、民族、种族的划分，强化了人们的个体平等意识和权利意识[②]。网络正义意识的测量借鉴了 Torres-Harding 等的社会正义量表（SJS），并做出了网络情境下的改编[③]。此外，网络欺凌的旁观行为（bystanders）与网络正义的内涵相关，因此我们也借鉴了 Sarmiento 等编制的网络欺凌旁观者量表（CBS）中的题项[④]。

网络互助意识与网络利他行为息息相关。网络利他行为是一种高级的网络亲社会行为，指的是在网络环境中发生的将使他人受益而行为者本人又没有明显自私动机的自愿行为[⑤]。这样的利他行为包括帮助、安慰、分享和合作等[⑥]。网络利他行为的发生能在网络社会中营造积极向上、互助互利的空间氛围[⑦]，因此网络互助意识和网络利他行为对网络文明的建构具有重要意义。网络环境为网络利他行为的发生提供了诸多便利。在网络中，提供帮助的时间和精力成本更低，例如在互联网论坛上提供信息、分

① S. R. Torres-Harding, B. Siers, & B. D. Olson, "Development and Psychometric Evaluation of the Social Justice Scale (SJS)," *American Journal of Community Psychology* 50 (2012): 77-88.

② 任贺：《网络正义的实现困境及其化解研究》，硕士学位论文，东北大学，2013。

③ S. R. Torres-Harding, B. Siers, & B. D. Olson, "Development and Psychometric Evaluation of the Social Justice Scale (SJS)," *American Journal of Community Psychology* 50 (2012): 77-88.

④ A. Sarmiento, M. Herrera-López, & I. Zych, "Is Cyberbullying a Group Process? Online and Offline Bystanders of Cyberbullying Act as Defenders, Reinforcers and Outsiders," *Computers in Human Behavior* 99 (2019): 328-334.

⑤ P. Zeng, X. Zhao, X. Xie, et al., "Moral Perfectionism and Online Prosocial Behavior: The Mediating Role of Moral Identity and the Moderating Role of Online Interpersonal Trust," *Personality and Individual Differences* 162 (2020): 110017.

⑥ C. D. Batson, & A. A. Powell, "Altruism and Prosocial Behavior," *Handbook of Psychology: Personality and Social Psychology* 5 (2003): 463-484.

⑦ 丁子恩、刘勤学：《大学生网络交往与网络利他行为的关系：自尊与公我意识的作用》，《心理发展与教育》2020 年第 2 期。

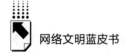
享学习资料、提供在线咨询服务等①，而网络的共享性也使网络利他行为的受惠面扩大②。网络互助意识的测量以郑显亮等编制的量表为依据，并对其进行修改，该量表包括网络支持、网络指导、网络分享、网络提醒四个维度③。

（三）网络文化素养

目前，学界对文化素养的内涵界定大致可以分为两个方向：一是把文化素养作为静态的知识集合，二是把文化素养视为一种动态的对话实践。Hirsch 将代际共享的知识称为文化素养④。具体而言，具备文化素养就是拥有在现代社会茁壮成长所需的基本信息，这些信息涵盖了从体育到科学等人类活动的主要领域。在中国，有学者认为文化素养的基本内容应至少包含语文基础知识（含与此有关的表述和写作能力）、基本的历史地理知识、一般的自然知识、哲学常识、文学和艺术的基本知识、鉴别欣赏能力和兴趣爱好等⑤。把文化素养作为静态的知识集合这种观点反映了文化是一种客观的、静态的价值体系，对文化经典的创造和传播构建了"我们"作为一个同质民族社区以及这个同质社区之外的"他们"的静态文化理解，并强调了"我们"和"他们"之间的文化差异的观念。还有一些学者从动态的视角出发，指出文化本身是多元的，是基于不同人之间互动的不断变化和流动的集体行动⑥。Caball 等认为，文化素养是一种识别、反思、使用和改进文化作

---

① Y. Amichai-Hamburger, "Potential and Promise of Online Volunteering," *Computers in Human Behavior* 24 (2008): 544-562.

② 郑显亮:《现实利他行为与网络利他行为：网络社会支持的作用》,《心理发展与教育》2013 年第 1 期。

③ 郑显亮、祝春兰、顾海根:《大学生网络利他行为量表的编制》,《中国临床心理学杂志》2011 年第 5 期。

④ E. D. Hirsch, "Culture and Literacy," *Journal of Basic Writing* 3 (1980): 27-47.

⑤ 方遇顺:《加强大学生的文化素养和科学素养》,《上海高教研究》1982 年第 1 期。

⑥ F. Maine, V. Cook, & T. Lähdesmäki, "Reconceptualizing Cultural Literacy as a Dialogic Practice," *London Review of Education* 17 (2019): 383-392.

品的能力，包括文本和其他媒体类型①。该定义强调了对文化进行交流、比较和批评的态度，以及跨学科、多主体共建的过程，强调了个体对文化的参与。在本报告中，我们从两个视角，提出文化素养既是基于代际共享的知识，也是对文化进行识别、反思、使用和改进的能力。党的十九届五中全会明确提出到 2035 年建成文化强国这一远景目标，结合 2021 年中共中央办公厅、国务院办公厅印发的《关于加强网络文明建设的意见》可以发现，社会主义核心价值观、红色文化、中华优秀传统文化、科学文化是当下需要着重推广、全民普及的主流文化类型，对网络文化素养的测量也围绕这些内容展开。

有学者指出科学文化素养包括三个维度：一是公众对基本科学术语和概念的理解；二是公众对科学探究过程和科学本质的理解；三是公众对科学技术对个人和社会的影响的理解②。结合网络情境，网络科学文化素养可以定义为个人从电子媒体获取科学信息并对其进行理解、评估，以及利用这些信息解决科学问题的多维度技能。对网络科学文化素养的测量借鉴郭帅军等编制的 eHEALS 健康素养量表③，并对其进行改编。而网络科学文化素养则着重关注网民的数字化阅读行为和网络自主学习行为。数字化阅读行为指利用计算机、手机、平板电脑、电子阅读器和 MP4 等数字化平台或移动终端阅读书籍、报刊、网络文学的行为，其中也包括"线上听书"等创新阅读形式。数字化阅读的频率、内容和动机反映了网民通过网络主动运用和调控自己的元认知来进行学习和阅读的意愿和能力。类似地，网络自主学习行为是指学习者带有一定的学习目的和目标，通过互联网获取丰富的学习资源，利用互联网环境进行意义建构、问题解决和学习交互活

---

① M. Caball，L. Fortunati，S. Irzik，et al.，"Cultural Literacy in Europe Today，" edited by N. Segal，N. Kancewicz-Hoffman，& U. Landfester，*Science Policy Briefing*（Brussels：European Science Foundation，2013），pp. 1–16.

② J. D. Miller，"Toward a Scientific Understanding of the Public Understanding of Science and Technology，" *Public Understanding of Science* 1（1992）：23.

③ 郭帅军、余小鸣、孙玉颖等：《eHEALS 健康素养量表的汉化及适用性探索》，《中国健康教育》2013 年第 2 期。

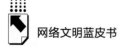
动的总和，包括动态的交互过程和静态的交互结果①。网络自主学习行为的测量借鉴王大勇②、李佳欣③等的网络自主学习能力量表，并对其进行改编。

红色文化是中国共产党领导各族人民在革命斗争和伟大建设的实践中形成的伟大精神及其载体，是革命基因和民族复兴的精神坐标。建党百年来，先后创造了新民主主义文化、社会主义革命文化、社会主义建设文化、中国特色社会主义文化等文化形态，这些文化都是以马克思主义中国化为核心的先进文化，归结起来都可被称为红色文化。伟大的事业需要伟大的精神，红色文化是中国精神的集中体现。传统文化是中华民族生生不息的强大精神源泉。传承和弘扬好中华优秀传统文化，是新时代继续推进马克思主义中国化的需要，是中国特色社会主义发展的精神动力，也是中华民族能够屹立于世界民族之林的重要根基。对于网络红色文化素养和网络传统文化素养的测量，可以分为两大部分。第一部分是测量网民在过去一年里接触到的文化资源或参与的文化活动的频率、类型、形式等；第二部分则是测量网民对自己接触过的网络文化内容的评价，分别从认知、情感、行为三个层次出发构建评价体系。

在当前媒介化社会情境下，媒介信息素养也是网络文化素养的重要组成部分。"媒介信息素养"这一概念最早由学者 Leavis 和 Thompson 提出，他们指出媒介信息可能会对青少年产生负面影响，因而要对媒介信息进行审慎的理解和辨别④。也有学者结合当下的网络环境提出，媒介信息素养主要是指受众对各种媒介信息的获取、分析、评估和传播能力以及利用媒介信息实

---

① 庄科君、贺宝勋：《网络自主学习行为系统框架和自主学习行为层次塔》，《中国电化教育》2009 年第 3 期。

② 王大勇：《关于网络环境下自主学习的实证研究》，硕士学位论文，首都师范大学，2005，第 36 页。

③ 李佳欣：《大学生数字化学习能力、在线学习投入和学习绩效的关系研究》，硕士学位论文，西南大学，2021，第 25 页。

④ F. R. Leavis, & D. Thompson, *Culture and Environment: The Training of Critical Awareness* (Chatto & Windus, 1950), p. 29.

现自我发展和促进社会进步的能力①。对网络媒介信息素养的测量借鉴Ashley等编制的媒介信息素养量表②，并对其进行改编。提升网络媒介信息素养对网民的社会认知、价值判断、行为技巧等有重要意义。

（四）网络规范行为素养

行为规范是维系、调控人类联系和社会存在的重要力量。依赖不同的行为规范，社会才得以按照一定的秩序稳定运行。相较于现实社会，网民在网络交际过程中的匿名性与虚拟性进一步凸显，这也导致一些传统的行为规范受到挑战，新的网络社会行为规范亟待建立③。结合2021年中共中央办公厅、国务院办公厅印发的《关于加强网络文明建设的意见》的要求，本报告将网络规范行为聚焦于网络交际行为，强调网民在观点表达、意见交流以及人际互动的过程中应该遵循的规范。根据行为客体的不同，网络规范行为素养可以划分出"自我—人际—群体"的框架，其中网络适度使用和网络理性表达是个人行为规范，网络文明互动是人际互动要求，网络多元尊重是群体交往呼吁。

网络成瘾是指由过度使用网络所导致的一种慢性或周期性的着迷状态④，成瘾者有大量行为和冲动控制上的问题⑤。研究发现，过度的网络使用对用户的影响是多方面的，如影响身体健康、导致人际关系障碍和学业成绩下降及影响正常工作等⑥。在人际层面上，过多的网络使用导

---

① 吴淑娟：《信息素养和媒介素养教育的融合途径——联合国"媒介信息素养"的启示》，《图书情报工作》2016年第3期。

② S. Ashley, A. Maksl, & S. Craft, "Developing a News Media Literacy Scale," *Journalism & Mass Communication Educator* 68 （2013）: 7-21.

③ 朱廷劭、李昂：《网络社会的行为规范》，《科学与社会》2013年第4期。

④ 王澄华：《网络人际互动特质与依附型态对网络成瘾的影响》，硕士学位论文，台湾大学，2001。

⑤ L. Armstrong, J. G. Phillips, & L. L. Saling, "Potential Determinants of Heavier Internet Usage," *International Journal of Human-Computer Studies* 53 （2000）: 537-550.

⑥ K. S. Young, What Makes the Internet Addictive: Potential Explanations for Pathological Internet Use(In 105th Annual Conference of the American Psychological Association, August 1997), pp. 12-30.

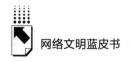
致人们同家人的交流减少、社交圈子缩小、抑郁和孤独感增加等①。对网络适度使用的测量参考了由 Chen 等开发的中文网络成瘾量表（CIAS），题项主要包含两个方面，即"网络成瘾核心症状"和"网络成瘾相关问题"②。

网络中的非理性表达常被视为群体极化和网络暴力等现象产生的原因。非理性表达包括发布无意义内容、偏离讨论话题、污名化、极端情绪化、偏激性表达、使用侮辱攻击性语言等。在网络虚拟社区公共热点事件的讨论中，非理性表达表现为失义性互动、偏激性互动和暴力性互动③。此外，非理性表达的突出特征是情绪化，情绪化舆论往往形成一边倒之势，构成社会民意的假象。因此，网络理性表达这一行为规范强调网民通过网络参与社会事件讨论时，应该采取理性、审慎的态度，以科学、客观的态度对网络事件发表意见。研究指出，用户知识结构完善、信息量充足、有权威信息引导等会使网络舆论趋向理性化方向发展，形成稳定的舆论环境④。对网络理性表达的测量主要参考了刘大志提出的网民公共讨论理性量表⑤。

网络不文明用语指的是在网络交际空间产生的，具有粗鄙性和低俗性的，主要用于对他人进行讥讽、诋毁甚至侮辱谩骂的不文明的言语。它们的存在污染了网络语言生态，扰乱了网络空间秩序，是网络文明建设中极其不和谐的音符⑥。相较于"不礼貌"（impoliteness），不文明的语言对他人

① A. F. Seay, & R. E. Kraut, Project Massive: Self-Regulation and Problematic Use of Online Gaming (In Proceedings of the SIGCHI Conference on Human Factors in Computing Systems, April 2007), pp. 829-838.

② S. H. Chen, L. J. Weng, Y. J. Su, et al., "Development of a Chinese Internet Addiction Scale and Its Psychometric Study," *Chinese Journal of Psychology* 45 (2003): 279-294.

③ 王艺:《网络虚拟空间中的"非理性互动"类型及影响因素》,《现代传播（中国传媒大学学报）》2018 年第 10 期。

④ 张静、赵玲:《论网络舆论理性化与情绪化的博弈》,《现代情报》2013 年第 6 期。

⑤ 刘大志:《网络理性的生成及影响——基于中国互联网的经验研究》,博士学位论文,浙江大学,2013,第 45 页。

⑥ 王瑞敏:《文化软实力视域下网络不文明用语的影响与治理》,《西南交通大学学报》（社会科学版）2021 年第 2 期。

更具威胁性和侵入性①。有学者在研究中将网络不文明操作化为骂人（name-calling）、诽谤（aspersion）、撒谎（lying）、低俗（vulgarity）和贬损（pejorative for speech）②。对网络文明互动的测量参考了微软公司发布的数字文明指数、人际沟通能力量表③和网络共情能力量表④。

群体偏见的现象普遍存在，偏见是人们在不充分的了解下产生的难以改变的厌恶之情⑤。一般情况下，个人由于受到群体的引导和压力，心理上会产生一种合群倾向，从而促使个体向与多数人一致的方向变化，最终达到群体趋同，这在一定程度上能够起到稳定社会、充分交流的作用⑥。但网络社会的崛起并没有提升群体关系的紧密程度，相反大多数时候群体中的成员对外群体及其成员普遍抱有怀疑和偏见，甚至采取蔑视、厌恶、仇视、挑衅等敌视态度。本部分旨在通过测量网民的群体偏见，反映网民在网络中对不同维度的外群体的看法和态度。对网络多元尊重的测量参考了大学生地域歧视现象态度量表⑦、性别刻板印象量表⑧、群体内疚和群体羞愧量表⑨。

（五）网络自律及监督素养

网民在网络空间中发挥着重要的主体性作用，有学者从个体层面的权责

① K. Coe, K. Kenski, & S. A. Rains, "Online and Uncivil? Patterns and Determinants of Incivility in Newspaper Website Comments," *Journal of Communication* 64 （2014）: 658-679.

② K. Coe, K. Kenski, & S. A. Rains, "Online and Uncivil? Patterns and Determinants of Incivility in Newspaper Website Comments," *Journal of Communication* 64 （2014）: 658-679.

③ 刘孟珊：《人际沟通能力量表之发展》，硕士学位论文，台湾云林科技大学，2003。

④ J. Dietz, & E. P. Kleinlogel, "Wage Cuts and Managers' Empathy: How a Positive Emotion Can Contribute to Positive Organizational Ethics in Difficult Times," *Journal of Business Ethics* 119 （2014）: 461-472.

⑤ G. W. Allport, et al., *The Nature of Prejudice* （Boston: Addison-Wesley, 1954）, pp. 125-157.

⑥ 周宏、张皓、劳沛基、刘大海：《网络互动中的群体趋同效应及其影响机制》，《科技进步与对策》2014年第13期。

⑦ 尚元东、卢培杰、董亲子、杨春：《大学生地域歧视现象态度量表的编制及信效度检验》，《心理学探新》2021年第5期。

⑧ 彭嘉桦：《刻板印象内—外群体效应的实验研究》，硕士学位论文，华南师范大学，2007，第55页。

⑨ 金桂春：《群体道德情绪对内群体偏爱的影响机制》，博士学位论文，陕西师范大学，2018，第176页。

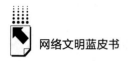
出发，认为互联网平台信息管理责任的设置与履行必须围绕平台用户展开，提升参与者体验、吸引参与者加入、增多增强核心互动，形成"自下而上"的权力传导结构①。

在新技术的大规模发展与应用中，数据泄露、网络诈骗、病毒勒索、安全漏洞等网络安全威胁日益凸显，网络安全工作面临新的挑战。《"十四五"国家信息化规划》指出，要应对数字技术带来的风险挑战，加强网络安全保障，强化网络安全保障能力建设。有研究列举了互联网中的犯罪形式，包括网络黑客、网络恐怖主义、恶意软件（攻击）、网络赌博、网络跟踪/骚扰/威胁、计算机病毒传播、网络钓鱼、儿童色情、电子欺骗等②。本报告对网络空间安全自律的测量参考了网络犯罪受害调查③、网络自我保护行为调查④，对网民自身遭遇的网络技术犯罪经历、失范行为以及防范意识进行测量。

网络信息环境中包含的内容体量巨大，网络中乱象丛生，其中较为突出的问题有网络谣言、网络暴力、网络诈骗等。本报告参考了《2021年全国网民网络安全感满意度调查总报告》，对深圳市网民感知不良信息的程度进行测量，随后对网络谣言、网络暴力和网络诈骗分别进行测量。此外，参照《关于加强网络文明建设的意见》，要进一步规范网上内容生产、信息发布和传播流程，深入推进公众账号分级分类管理，构建以中国互联网联合辟谣平台为依托的全国网络辟谣联动机制，强调了谣言治理对于网络文明创建的重要意义。网络谣言主要可以分为两类：不准确信息（disinformation）和误导性信息（misinformation）。前者指错误的或不准确的信息，后者指故意欺

---

① 魏小雨：《互联网平台信息管理主体责任的生态化治理模式》，《电子政务》2021年第10期。

② D. K. K. Kumar, S. M. Basha, & S. Nividitha, "A Survey of Cyber Crimes," *International Journal of Engineering Research* 4（2016）：5.

③ F. T. Ngo, "Cybercrime Victimization: An Examination of Individual and Situational Level Factors," *International Journal of Cyber Criminology* 5（2011）：21.

④ N. Akdemir, & C. J. Lawless, "Exploring the Human Factor in Cyber-Enabled and Cyber-Dependent Crime Victimisation: A Lifestyle Routine Activities Approach," *Internet Research* 30（2020）：1665-1687.

骗或误导的信息①。对网络谣言自律的测量参考了谣言传播行为量表②、谣言抵抗量表③、谣言传播意向量表④等。网民在网络上的暴力行为是社会暴力在网络上的延伸，包括网民对网络事件的相关人群发表进攻性、侮辱性、谩骂性、诽谤性的言论，人肉搜索并公布当事人及其亲友的真实信息等，是以实现群体性情绪宣泄为目的的网络行为⑤。对网络暴力自律的测量参考了网络暴力施暴者量表和网络暴力受害者量表⑥，涉及语言文字暴力、性暴力、社会排斥暴力的行为实施和受害经历。2022 年 4 月，中共中央办公厅、国务院办公厅印发了《关于加强打击治理电信网络诈骗违法犯罪工作的意见》，对加强打击治理电信网络诈骗违法犯罪工作做出安排部署。随着网络信息社会的快速发展，以电信网络诈骗为代表的新型网络犯罪正在成为犯罪主流。在网络诈骗以不同形式迭代升级之时，网民也有必要提升对网络诈骗形式和反诈渠道的认知。对网络反诈意识的测量参考了Herrero 等学者的测量方式⑦，围绕网络诈骗经历、反诈渠道知晓和应对措施展开。

在举报实践方面，中央网信办的数据显示，2022 年 2 月，全国各级网络举报部门受理举报 1233.2 万件。其中，中央网信办违法和不良信息举

---

① 郑保卫、王青：《突发公共卫生事件中不实信息的判断标准与辨识方式——基于新冠肺炎疫情信息传播的研究》，《新闻与写作》2020 年第 7 期。

② P. Luo, C. Wang, F. Guo, et al., "Factors Affecting Individual Online Rumor Sharing Behavior in the COVID-19 Pandemic," *Computers in Human Behavior* 125 (2021): 106968.

③ Z. Tang, A. S. Miller, Z. Zhou, et al., "Understanding Rumor Combating Behavior on Social Media," *Journal of Computer Information Systems* 62 (2021): 1112-1124.

④ L. Zhao, J. Yin, & Y. Song, "An Exploration of Rumor Combating Behavior on Social Media in the Context of Social Crises," *Computers in Human Behavior* 58 (2016): 25-36.

⑤ 侯玉波、李昕琳：《中国网民网络暴力的动机与影响因素分析》，《北京大学学报》（哲学社会科学版）2017 年第 1 期。

⑥ J. Lee, N. Abell, & J. L. Holmes, "Validation of Measures of Cyberbullying Perpetration and Victimization in Emerging Adulthood," *Research on Social Work Practice* 27 (2017): 456-467.

⑦ J. Herrero, A. Torres, P. Vivas, et al., "Smartphone Addiction and Cybercrime Victimization in the Context of Lifestyles Routine Activities and Self-Control Theories: The User's Dual Vulnerability Model of Cybercrime Victimization," *International Journal of Environmental Research and Public Health* 18 (2021): 3763.

报中心受理举报 31.7 万件。在各级网信部门指导下，目前全国各主要网站不断畅通举报渠道、受理处置网民举报。网民举报行为是网民参与网络治理、共同维护网络清朗空间的重要举措。有研究指出，大学生遇到网络不良信息的概率很大，但是却很少有人进行举报①。因此，网民在遭遇网络空间乱象时是否能主动监督举报，是衡量当前网络空间生态文明程度的重要指标。本报告主要从渠道知晓和举报实践两个角度测量网民的举报意识和行为。

（六）网络公共参与素养

公共参与则是指公民通过各种合法的途径与方式表达利益诉求、影响公共活动以及公共决策的社会政治行为②。公共参与在社会治理中的作用日益凸显③。互联网的出现拓展了公共参与的形式，增添了公共参与的内容。同时，人民群众是社会历史的创造者，在网络文明创建的过程中，应该充分发挥网民主体作用，共同打造"共建共治共享"的新型格局。

政治参与一般指能够影响立法、选举或司法等进程的行为④。在网络空间中，政治参与的外延进一步扩展，网络在政治政务领域扮演着日益重要的角色，为网民获取信息、交流互动、参与公共行动提供了可能⑤。对网络政治参与的测量参考了线上政治参与量表⑥和黄少华等提出的网络政治参与行

---

① 曹技、张娜、宁佩珊、胡国清：《长沙市大学生网络不良信息举报系统的使用现状及其影响因素》，《伤害医学》（电子版）2021 年第 4 期。

② 俞可平：《公民参与的几个问题》，《学习时报》2006 年 12 月 18 日。

③ R. Denhardt, & J. Denhardt, "The New Public Service: Serving Rather Than Steering," *Public Administration Review* 60（2000）：549-559.

④ T. Christiano, "The Rule of the Many: Fundamental Issues in Democratic Theory," *Ethics* 109（1996）：431-433.

⑤ R. K. Polat, "The Internet and Political Participation: Exploring the Explanatory Links," *European Journal of Communication* 20（2005）：435-459.

⑥ A. Pontes, M. Henn, M. Griffiths, et al., "Validation of the Online Political Engagement Scale in a British Population Survey," *Aloma*：*Revista de Psicologia, Ciències de l'Educació i de l'Esport* 35（2017）：13-21.

为量表①。由于此前研究大多根植于西方代议制政府背景，本报告对原始量表进行了本土化的改编，结合中国网络文明建设实际，体现了数字政务、信息化政府的发展路径和要求。

社会参与是指互助、志愿行动和公民服务等把个体和他人联系起来的活动②。有学者认为社会参与可以分为"正式参与"和"非正式参与"，前者指的是与志愿组织、专业团体的互动，后者指的是与家庭、朋友和邻居的人际关系互动③。国内学者结合国内实际情况，对社会参与的研究进行了本土化的讨论。杨永娇依据马斯洛需求层次理论将社会参与分为三个层次，分别为个人情感和归属需要的社会参与（例如对友情和亲密关系的渴望）、满足个人尊重需要的社会参与（例如居民委员会和业主委员会的活动）和满足个人自我实现需要的社会参与（例如通过帮助他人实现自我价值)④。同时，网络社会参与明显区别于传统的社会参与，网络空间拓展了社会参与的渠道，增添了社会参与的内容，进一步刺激了网民通过网络自由进行社会参与的需求和意愿。对网络社会参与的测量参考了社会参与量表⑤、互联网使用与传播赋权调查问卷⑥以及网络公益参与行为量表⑦。

在以往的文明创建活动中，不少城市已经针对公共参与进行了有益的探索，如江苏省南通市的规划听证会制度、山东省青岛市的市民参与机制、广东省深圳市的公民参与机制等。一系列群众性精神文明活动不

---

① 黄少华、姜波、袁梦遥：《网络政治参与行为量表编制》，《兰州大学学报》（社会科学版）2016 年第 6 期。

② T. Christiano, "The Rule of the Many: Fundamental Issues in Democratic Theory," *Ethics* 109（1996）：431–433.

③ L. F. Berkman, & I. Kawachi, *Social Epidemiology* (Oxford：Oxford University Press, 2000), p. 391.

④ 杨永娇：《城市居民社会参与层次对主观幸福感的影响研究——基于"2014 年中国劳动力动态调查"数据的考察》，《广西社会科学》2016 年第 12 期。

⑤ R. Qiang, B. Zhou, Y. Li, "Psychometric Analysis of a Scale to Assess Social Participation of Chinese Adults," *Sustainability* 14（2022）：3431.

⑥ 邓倩：《互联网时代传播赋权研究——基于网民个体心理与行为的实证考察》，博士学位论文，武汉大学，2014，第 150 页。

⑦ 袁梦遥：《网络公民参与行为的结构——以大学生网民为例》，硕士学位论文，兰州大学，2011，第 35 页。

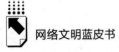

断向网上延伸，"好网民"等遴选和倡导活动开展得越来越普遍。党的十九大提出建立"共建共治共享"的社会治理格局，为网络文明活动共建指明了前进的方向。网络文明活动共建，以网民作为参与主体、以网络文明活动作为参与客体、以网络文明素养的提高作为参与目标，形成了新型的网络文明创建格局。对网络文明共建参与的测量依照网络政治参与和网络社会参与的思路，细分为信息获取、交流表达、行动参与几个维度。

二 深圳市民网络文明素养指标体系搭建

（一）指标体系设计原则

网络文明素养的测量是一项复杂、科学、系统的工作。确保指标体系设计的合理性与科学性，需在设计的过程中遵循全面性原则、理论联系实践原则、独立性原则和可操作性原则。

1. 全面性原则

全面性原则指内容囊括完备、考察全面。网络文明素养指标体系的覆盖面广，包含从思想文化到个人道德行为、从认知态度到行为规范等诸多层面，能够多维度、多层面地反映出深圳市民的网络文明素养。本报告以2021年中共中央办公厅、国务院办公厅印发的《关于加强网络文明建设的意见》中提出的网络文明建设六大工作为核心，同时充分吸收和借鉴国内外有关数字文明的研究成果，在中央文件精神指导和现有研究基础上，探索构建了一个全面且完善的网络文明素养指标体系。

2. 理论联系实践原则

理论联系实践原则指坚持理论与实践的结合与统一。深圳市作为中国"最互联网城市"，互联网企业聚集、网民基数庞大，是网络技术革新、网络应用发展的前沿阵地。因此，以深圳市网络文明发展状况作为考察对象，有其必要性与特殊性。本报告根据已有理论对网络文明素养指标体系进行设计，同时考虑网民在实践过程中具有较高网络素养与较多网络活动的特性，在理论基础上选取能够反映网民网络文明实践行为的指标，建立起有针对性且有现实意义的指标体系，敦促网民践行网络文明行为。

3.独立性原则

独立性原则要求每个指标内涵清晰、相互独立。各指标之间互斥独立，没有包含关系。各指标之间层次清晰、条理分明，一个大指标下分别设立多个具体的子指标，子指标之间联系密切。整个指标体系构成具有内在结构的有机整体，能够全面清晰地反映网民的网络文明素养。

4.可操作性原则

可操作性原则指考虑定量、定性指标的可观测度，将网民的内隐网络文明素养、网络文明行为外化为可以赋值、量化的外显指标。依据指标体系明确各测量指标的数据支撑形态，然后通过问卷调查和大数据方法，遵照严谨的具体操作方案和指标计算方法，围绕指标体系建立起可重复、可推广的操作规范。

（二）指标体系设计过程

1.拟定初步指标体系

指标体系将2021年中共中央办公厅、国务院办公厅印发的《关于加强网络文明建设的意见》中提出的网络文明建设六大核心工作，即加强网络空间思想引领、网络空间文化培育、网络空间道德建设、网络空间行为规范、网络空间生态治理、网络空间文明创建作为核心目标，针对性提出六大主要素养，分别是网民思想觉悟素养、网民精神向上素养、网民道德水准素养、网民文明行为素养、网民社会参与素养、网民文明交往素养。每一个素养下又包含4~5个衡量维度，如网民思想觉悟素养可选择网络爱国意识、网络安全意识、网络法治观念、网络公德意识、网络隐私意识5项内容作为衡量维度。每一个维度又包含至少一个具体的测量指标，如在网络失范行为上，网络暴力、网络性骚扰及网络名誉损害等都将作为测量指标评估网民的网络失范行为。

2.完善指标类目

课题组基于广泛文献和相关材料阅读初步拟定了指标体系，并邀请了

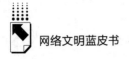

6名在互联网治理、指标体系建立方面有丰富经验的专家进行访谈，广泛吸纳专家意见以完善指标体系类目，确定网络文明素养的基本维度和内涵。在专家建议下，本报告把网络主要素养按照意识和行为的范畴进行划分，将6个一级衡量维度确定为网络思想素养、网络道德素养、网络文化素养、网络规范行为素养、网络自律及监督素养和网络公共参与素养。每一素养下又划分了3~4个二级衡量维度，系统、全面地对深圳市民网络文明素养进行衡量。

3. 概念化与操作化

在完善指标类目之后，需要进一步明确各维度的概念化和操作化方式。课题组参考了大量报告和文献，综合各个学科的知识创造性地对指标体系进行完善，涉及传播学、心理学、法学、政治学等众多学科，并在此基础上对指标体系所涉的概念进行了全面精准的定义。在操作化的过程中，问卷设计尽量选取已有的成熟量表进行改编，根据现实情况进行适应性的调整。

4. 德尔菲法/函询法

课题组邀请了互联网研究专家学者、互联网相关政府工作者、互联网相关媒体记者、互联网行业协会成员和网民等5个类别的40名代表，完善各指标的测量方法、权重比例、敏感程度等细节。在此基础上，运用层次分析法将二级指标进行两两对比，建立权重矩阵。在充分汲取专家和代表的经验后，第一环节中的概念构想落地。

（三）指标体系框架

网络文明素养指标体系框架最终以《关于加强网络文明建设的意见》中提出的网络文明建设六大核心工作，即加强网络空间思想引领、网络空间文化培育、网络空间道德建设、网络空间行为规范、网络空间生态治理、网络空间文明创建作为纲领，针对性提出六大主要素养，分别是网络思想素养、网络道德素养、网络文化素养、网络规范行为素养、网络自律及监督素养、网络公共参与素养。六大主要素养遵循了"意识到行为""底线到倡导""社会到个人"的思路，覆盖了网民在网络生活中的方方面面。指标体系整体框架如图 1 所示。每个文明素养下又包含 3~4 个衡量维度，如网络思想素养包含网络爱国意识、网络法治意识、网络主权意识、网络主流思想意识这 4 个二级衡量维度。在初拟体系中，二级衡量维度共 22 个。每一个二级衡量维度下，又有对应的具体测量指标，如在网络爱国意识这一维度上，网络政治认同、网络文化认同、网络爱国符号情感和网络爱国建设性情感将作为具体测量指标。

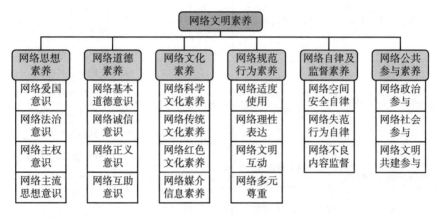

图 1　网络文明素养指标体系框架

（四）指标体系简述

网络文明素养指标包含 6 个一级指标、22 个二级指标（见表 1）。对这些指标的概念化和操作化解释如下。

表 1　网络文明素养指标体系范畴与维度

核心目标	一级衡量维度	范畴	二级衡量维度
网络空间思想引领	网络思想素养	意识 社会底线 宏观素养	网络爱国意识
			网络法治意识
			网络主权意识
			网络主流思想意识

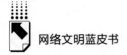
续表

核心目标	一级衡量维度	范畴	二级衡量维度
网络空间道德建设	网络道德素养	意识 社会倡导行为 具体素养	网络基本道德意识
			网络诚信意识
			网络正义意识
			网络互助意识
网络空间文化培育	网络文化素养	素养 社会倡导行为 个体行为	网络科学文化素养
			网络传统文化素养
			网络红色文化素养
			网络媒介信息素养
网络空间行为规范	网络规范行为 素养	行为 社会倡导行为 个体行为	网络适度使用
			网络理性表达
			网络文明互动
			网络多元尊重
网络空间生态治理	网络自律及 监督素养	行为 社会底线行为 社会行为	网络空间安全自律
			网络失范行为自律
			网络不良内容监督
网络空间文明创建	网络公共参与 素养	行为 社会倡导行为 社会行为	网络政治参与
			网络社会参与
			网络文明共建参与

1. 网络思想素养

网络思想素养是网络文明素养建立的基础，指网民在习近平新时代中国特色社会主义思想的引领下，在网络实践过程中逐步形成的符合社会主义核心价值观的思想认知、观念态度和价值取向。其中，爱国与法治是公民的基本价值准则；网络主权意识是网络时代维护国家安全必不可少的保障；网络主流思想即习近平新时代中国特色社会主义思想，是网络实践的根本遵循，是理解和把握党的指导思想和马克思主义创新理论、加强网络文明建设的思想基础。具体而言，网络思想素养包含以下4个二级维度：网络爱国意识、网络法治意识、网络主权意识、网络主流思想意识。

网络爱国意识集中体现在网民对国家身份的认同感和对国家的责任感上，涵盖网民对国家的政治、文化认同，以及具有象征性意义和建设性意义的爱国情感。

网络法治意识主要衡量公民的法治认知、法治思维和法治认同，网络法治意识强的网民群体具有尊法、信法、守法、用法的自觉。

网络主权意识衡量网民是否具备成熟的网络安全观，即是否能正确认识国家安全形势，了解维护国家网络信息安全的责任和义务。

网络主流思想意识旨在衡量网民对习近平新时代中国特色社会主义思想的认知和认同，包括网民通过网络学习和了解党的指导思想的行为实践，以及对主流思想中网络治理部分的认知和态度等。

2. 网络道德素养

网络道德素养是网民个人道德在网络空间实践中的体现，培养崇德向善、见贤思齐的网民群体，可有效维护网络社会的良善秩序。其中，网络基本道德赋予了网民在网络活动中的正确动机和理性的善恶评判标准。网络诚信意识是人与人之间建立信赖感的基础，是网络社会有效运作的必要条件。网络正义意识引导网民做出有利于社会中绝大多数人利益的决定，是网民维护自身利益、关照弱势群体、促进资源和权利合理分配的思想动力。网络互助意识引导网民主动、自愿地采纳利他行为，有利于营造向上向善的网络氛围。

网络基本道德意识指在虚拟性、匿名性的网络空间中，网民对于是否应该坚守朴素道德正义的意识。该二级维度衡量道德对于网民网络行为的内在价值和约束效用，主要通过网民对网络道德重要性的认知、对网络上不道德行为的容忍度，以及网民坚守网络道德自律的决心等进行测量。

网络诚信意识旨在衡量网民诚实守信、言行一致、不侵犯其他网络主体的权利、不利用网络作为工具从事一切不诚信的行为的意识，主要通过网民对网络诚信原则的认识和对失信行为的情感来进行测量。

网络正义意识旨在衡量网民在网络环境中平等获得资源权利、关照和帮扶弱势群体、维护社会正义的意识。该二级维度注重评估人们在面对网络空

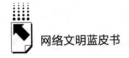
间中道德失范行为时的态度和意识。

网络互助意识旨在衡量网民在网络环境中做出使他人受益的亲社会行为的意识，这些利他行为包括网络支持、网络指导、网络分享和网络提醒等。

3. 网络文化素养

网络文化素养是网络文明的重要表现，指网民在社会主义核心价值观的引领下，利用积极健康的网络文化丰富个人生活，在精神上激浊扬清，追求充盈、自制的生活状态。其中，网络传统文化素养和网络红色文化素养指向静态的知识集合。中华优秀传统文化和红色文化作为基于共同经验的主流文化能够有效团结网民群体、抵抗历史虚无主义、增强文化向心力。网络科学文化素养和网络媒介信息素养指向动态的学习过程，反映了网民对网络文化进行识别、反思、使用和改进的能力。网民自主学习、与时偕行、积极参与文化共创，对于推进数字文化繁荣发展具有重要意义。

网络科学文化素养是指网民从电子媒体获取科学信息并对其进行理解、评估，以及利用这些信息解决科学问题的多维度能力，其中也包括数字化阅读行为和网络自主学习行为，即带着一定的学习目标，利用网络进行意义建构、问题解决和学习交互活动的能力。

网络传统文化素养主要指网民对中华优秀传统文化的审美观和价值观，主要通过网民对传统文化和相关的大众喜闻乐见的文化活动的参与程度、鉴赏能力和情感认同进行测量。

网络红色文化素养主要指网民对红色文化的审美观和价值观，主要通过网民对红色文化和相关的大众喜闻乐见的文化活动参与程度、鉴赏能力和情感认同进行测量。

网络媒介信息素养是指网民对网络上各种信息的获取、分析、评估和生产能力。网络媒介信息素养高的网民对于网络上质量参差不齐的信息具有较高的判断力和理解能力，也能有效利用网络媒介资源实现其个人目标和发挥其社会价值。

4. 网络规范行为素养

网络规范行为素养是网络文明的基本遵循，只有网民依赖共同认定的行为规范，网络社会才能有秩序地运行。其中，网络适度使用是个人层面的行为规范，网络沉迷会对网民的身体、学业和工作表现、人际关系等各方面造成损害。理性表达、文明互动和多元尊重是网民在网络上交往和互动的社会规范，是网络文明素养建设的外在显现。网民之间的交流行为每时每刻都在发生，它能及时和敏感地反映网民的社会心理和文化品位，也能影响人们对网络空间文明的感受和认知。

网络适度使用衡量网民是否在心理和生理上对网络产生过度依赖，难以抗拒使用的欲望，而对生活产生严重影响。网络适度使用维度作为网络沉迷和成瘾的反向指标，在青少年人群中的表现尤为重要。

网络理性表达衡量网民在网络上参与讨论时是否能采取理性、审慎的态度，以科学、客观的态度对网络事件发表意见，具体包括能否在公共讨论中坚持独立思考、提供论证依据、保持谨慎言论等。

网络文明互动衡量网民是否能坚决抵制使用庸俗暴戾的网络语言，也衡量网民包括表达能力、倾听能力、同理反应能力和社交互动能力在内的网络人际交往能力。

网络多元尊重衡量网民是否能宽容和理性地对待外群体以及他们的看法、喜好和意见。如果网民对外群体以及网络上的少数群体抱有怀疑和偏见，甚至采取蔑视、厌恶的敌视态度，会加深群体间的隔阂与误会，造成恶劣影响。

5. 网络自律及监督素养

网络自律及监督素养是网络文明的重要面向，网民作为网络生态空间中的重要主体，应具有权责意识，发挥主观能动性，实现自律和他律的结合。其中，网络空间安全自律体现在网民自觉维护网络技术环境和基础设施安全，应对数据泄露、病毒勒索、安全漏洞等网络安全威胁；网络失范行为自律涉及庞杂的网络乱象，本报告将网络谣言、网络暴力和网络诈骗纳入失范行为的范畴，考量网民的失范行为实施和自我防范实践；网民在遭遇网络空

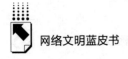

间乱象时能否主动监督举报，也是衡量网络空间生态文明程度的重要指标。网民充分自律、积极防范、参与监督，才能推动网络空间共治共享，营造天朗气清的网络空间。

网络空间安全自律衡量网民实施和防范通过破坏网络基础设施来实行犯罪的经历，包括网络黑客攻击行为、网络病毒传播行为和网络隐私泄露行为等。

网络失范行为自律衡量网民实施、遭遇和防范网络暴力、网络诈骗和网络谣言等相关的网络失范行为的经历。其中网络暴力涉及网络名誉损害、网络性暴力、网络欺凌排斥等行为。

网络不良内容监督衡量网民在网络不文明现象投诉举报机制中的参与程度，具体包括网民对网络举报渠道的知晓程度和遭遇网络失范行为时的举报实践。

6. 网络公共参与素养

网络公共参与素养是网络文明素养的重要组成部分，网民作为网络空间实践的主体参与互联网公共活动，能够营造良好的网络空间氛围，丰富网络空间生态。该维度涉及公共参与的不同面向，其中，网络政治参与指网民在网络上参与能够推进政治事务解决、影响政策和立法等进程的行为；网络社会参与指网民在网络上参与互助、志愿行动和公民服务等把个体和他人联系起来的活动；网络文明共建参与强调网民对群众性精神文明创建活动的参与。网络可以释放巨大的公共参与潜力，充分发挥网民主体作用，打造"共建共治共享"的新型格局。

网络政治参与衡量网民通过网络上的各种合法途径与方式获取政务信息、表达利益诉求、参与公共活动和公共决策的行为，具体包括网民利用网络关注政治事务、通过制度性的渠道反映诉求，以及参与政府和公共管理部门的各类公共事务的行为。

网络社会参与主要围绕网络公益、网络志愿行动等通过帮助他人实现自我价值的社会参与，衡量网民获取和发布有关信息、就社会议题表意和交流以及参与网络公益活动的行为。

网络文明共建参与衡量网民在群众性网络精神文明创建活动中的参与行为。网民作为网络文明共建活动的参与主体，应当积极参与正能量网络文明创建活动，倡导健康向上的网络生活方式。

（五）基于层次分析法的网络文明素养指标体系构建

在确定了网络文明指标体系的维度之后，权重能体现各指标在整体评价中的相对重要程度。在初步建立起较为完备的指标体系后，课题组采用德尔菲法和层次分析法（Analytic Hierarchy Process，AHP），保证指标体系权重分配的合理性。

层次分析法可以将复杂的决策问题进行分解，依据思维规律把决策过程量化和层次化，具有系统性、准确性和实用性。课题组依照专家咨询、判断矩阵构建、矩阵一致性检验和调整、权重计算的步骤实施层次分析法。专家通过两两比较的方式确定同一层次中各指标的相对重要性，然后将重要性比较的结果进一步转化成判断矩阵，未能通过一致性检验的矩阵通过比例修正法进行调整，最终通过和积法计算得到一级指标的权重。

1. 专家咨询

课题组邀请了40名专家对6个一级指标进行重要性打分，其中互联网研究专家学者、互联网相关政府工作者、互联网相关媒体记者、互联网行业协会成员和资深网民各8名（见图2）。专家结构多元、理论和实践经验丰富，能较为科学、全面地反映网络空间中各类主体的意见。

具体而言，40名专家在充分了解一级维度的概念内涵和操作化定义的基础上，判断同一层级且相对独立的指标 i 和指标 j 的相对重要程度，重要程度依次是"同等重要"、"稍微重要"、"明显重要"、"强烈重要"和"绝对重要"。

2. 判断矩阵构建

将40名专家的判断根据1~9标度表（见表2）转换成量化数据，其中"1"代表"同等重要"，"9"代表"绝对重要"。同时，如果指标 i 相对于指标 j 的重要程度为 x，则指标 j 相对于指标 i 的重要程度为 $1/x$。

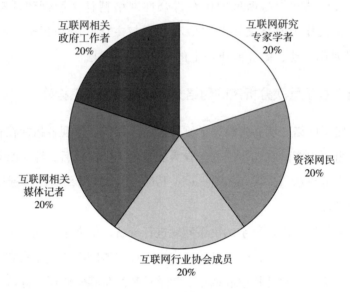

图 2 专家结构

表 2 1~9 标度表

标度	含义
1	同等重要
3	稍微重要
5	明显重要
7	强烈重要
9	绝对重要
2、4、6、8	上述两相邻判断的中间值
倒数	$a_{ij} = 1/a_{ji}$

由此构建出的判断矩阵为正互反矩阵，即矩阵中的元素 $a_{ij} > 0$ 且满足 $a_{ij} \times a_{ji} = 1$。以两位不同领域的专家 A 和 B 为例，根据专家填答构建出的判断矩阵如表 3、表 4 所示。

表3 专家A一级指标判断矩阵

指标	网络思想素养	网络道德素养	网络文化素养	网络规范行为素养	网络自律及监督素养	网络公共参与素养
网络思想素养	1	1	5	1	1	3
网络道德素养	1	1	5	2	2	6
网络文化素养	1/5	1/5	1	1/4	1/4	1/4
网络规范行为素养	1	1/2	4	1	1	1
网络自律及监督素养	1	1/2	4	1	1	1
网络公共参与素养	1/3	1/6	4	1	1	1

表4 专家B一级指标判断矩阵

指标	网络思想素养	网络道德素养	网络文化素养	网络规范行为素养	网络自律及监督素养	网络公共参与素养
网络思想素养	1	1	1	1	1	1
网络道德素养	1	1	1	1	5	5
网络文化素养	1	1	1	1/3	1/3	1/3
网络规范行为素养	1	1	3	1	1	1
网络自律及监督素养	1	1/5	3	1	1	1
网络公共参与素养	1	1/5	3	1	1	1

3. 矩阵一致性检验和调整

在表3专家A一级指标判断矩阵中，n 为矩阵阶数，λ_{max} 为矩阵的最大特征值，则矩阵的一致性指标即 CI 值计算方式如下：

$$CI = \frac{\lambda_{max} - n}{n - 1}$$

在查询 RI 表后（$n = 6$ 时，$RI = 1.24$），可以计算出一致性比率即 CR 值。

$$CR = \frac{CI}{RI}$$

当 $CR \leq 0.1$ 时，矩阵通过一致性检验；当 $CR > 0.1$ 时，矩阵则需要经过调整才能满足一致性的要求。以上述矩阵为例，根据专家 A 的问卷调查结果构建的判断矩阵能够通过一致性检验（$CR = 0.046$），根据专家 B 的问卷调查结果构建的判断矩阵未能通过一致性检验（$CR = 0.145$）。

未能通过一致性检验的矩阵，根据 Kou 等的方法进行调整[1]。根据专家 B 的问卷调查结果构建的判断矩阵经过修正后如表 5 所示。

表 5　修正后的专家 B 一级指标判断矩阵

指标	网络思想素养	网络道德素养	网络文化素养	网络规范行为素养	网络自律及监督素养	网络公共参与素养
网络思想素养	1	0.8116	1.1051	0.9498	1.0119	1.0119
网络道德素养	1.2321	1	1.3616	1.1702	3.9722	3.9722
网络文化素养	0.9049	0.7344	1	0.3897	0.4151	0.4151
网络规范行为素养	1.0529	0.8546	2.5664	1	1.0654	1.0654
网络自律及监督素养	0.9883	0.2517	2.4088	0.9386	1	1
网络公共参与素养	0.9883	0.2517	2.4088	0.9386	1	1

4. 权重计算

将通过一致性检验的矩阵和调整后的矩阵利用和积法计算得到一级指标权重，和积法的具体计算方式如下。

（1）对专家 A 一级指标判断矩阵按列规范

$$\overline{a_{ij}} = \frac{a_{ij}}{\sum_{i=1}^{n} a_{ij}}(i, j = 1, 2, \cdots, n)$$

（2）按行相加得到每行总和

$$\overline{w_i} = \sum_{j=1}^{n} \overline{a_{ij}}$$

---

[1]　G. Kou，D. Ergu，& J. Shang，"Enhancing Data Consistency in Decision Matrix：Adapting Hadamard Model to Mitigate Judgment Contradiction，" *European Journal of Operational Research* 236（2014）：261-271.

（3）归一化，得到指标权重

$$w_i = \frac{\overline{w_i}}{\sum_{i=1}^n \overline{w_i}}$$

最后，对40名专家的指标权重结果求平均值，得到的一级指标权重如表6所示。

表6　一级指标权重

单位：%

一级指标	权重
网络思想素养	23.51
网络道德素养	21.31
网络文化素养	12.33
网络规范行为素养	18.60
网络自律及监督素养	14.92
网络公共参与素养	9.32

三　深圳市民网络文明素养数据收集与处理

（一）问卷调查

1. 调查总体

调查总体为深圳市网民，调查的纳入标准是：①近一年为深圳市常住人口，即在深圳居住；②年龄大于或等于14岁；③网民群体，即平均每周上网一小时及以上。调查样本覆盖深圳市的11个区（含新区、合作区）。

2. 抽样方式

调查采用配额抽样的方式。根据《深圳统计年鉴2021》和《2020深圳市互联网发展状况研究报告》，课题组确定了深圳市网民的性别、年龄和所在区域的分布情况，在调查中使受访样本在这些属性上更接近深圳市居民和网民的结构。深圳市男性与女性年末常住人口比例为55.04∶44.96；14~19岁的深圳市网民占比为8.8%，20~29岁的深圳市网民占比为36.8%，30~39岁的深圳市网民占比为31.6%，40~49岁的深圳市网民占比为13.7%，50岁及以上的深圳市网民占比为9.1%。在深圳各辖区人口分布上，宝安区人口占比为25.47%，龙岗区人口占比为22.68%，龙华区人口占比为14.42%，南山区人口占比为10.23%，福田区人口占比为8.81%，罗湖区人口占比为6.51%，光明区人口占比为6.26%，坪山区人口占比为3.14%，盐田区人口占比为1.22%，大鹏新区人口占比为0.89%，深汕特别合作区人口占比为0.37%。

3. 调查方式

为覆盖有代表性的网民群体，课题组采用线上线下相结合的方式进行调查。调查涵盖的总人数为11500人，线上线下的问卷都是依据性别、年龄和区域配额来进行抽样，这使得抽样样本能够较好地代表总体深圳市网民。前测阶段共发放了140份问卷，确保问卷的信效度可靠后再在线上线下进行正式发放。前测部分数据未计入最后的数据分析。

其中，线上问卷分为4份子问卷，每份问卷由2500名网民填答，每份填答时长在10分钟左右，共回收问卷10000份。每份子问卷都严格采用配额方式回收样本，2500名深圳市网民的具体配额方式如表7、表8所示。线上问卷通过对填答者IP地址进行限制的方式，确保填答者为居住在深圳市的真实用户；同时利用机器算法短时间内大规模发放问卷，并推荐高质量的用户来填答问卷。问卷平台记录问卷填答者的具体填答时间等信息，对不符合答题时长（5分钟以下）的问卷进行剔除，切实保障了问卷填答的质量。问卷回收的最终结果与配额抽样要求的情况误差小于0.1%。

表7 针对不同年龄段的线上调查抽样人数

单位：%，人

年龄段	所占比例	抽样人数
14~19 岁	8.8	220
20~29 岁	36.8	920
30~39 岁	31.6	790
40~49 岁	13.7	342
50 岁及以上	9.1	228
全市	100.0	2500

资料来源：年龄比例数据来源于《2020 深圳市互联网发展状况研究报告》。

表8 针对不同地区和性别的线上调查抽样人数

地 区	年末常住人口（万人）	所占比例（%）	抽样总人数（人）	抽样人数（男）（人）	抽样人数（女）（人）
福田区	155.41	8.81	220	114	106
罗湖区	114.75	6.51	163	83	80
盐田区	21.43	1.22	31	17	14
南山区	180.42	10.23	256	136	120
宝安区	449.11	25.47	637	359	278
龙岗区	399.9	22.68	567	308	259
龙华区	254.32	14.42	360	204	156
坪山区	55.43	3.14	79	46	33
光明区	110.35	6.26	156	91	65
大鹏新区	15.69	0.89	22	13	9
深汕特别合作区	6.57	0.37	9	5	4
全 市	1763.38	100.00	2500	1376	1124

资料来源：性别和区域人口分布数据来源于《深圳统计年鉴2021》。

线下问卷分为3份子问卷，每份问卷500名网民填答，每份填答时长在15分钟左右，共回收了1500份问卷。线下问卷同样依据性别、年龄及区域进行发放。每份子问卷都严格采用配额方式回收样本，500名深圳市网民的具体配额方式如表9、表10所示。

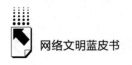

表9　针对不同年龄段的线下调查抽样人数

单位：%，人

年龄段	所占比例	抽样人数
14~19岁	8.8	44
20~29岁	36.8	184
30~39岁	31.6	158
40~49岁	13.7	69
50岁及以上	9.1	45
全市	100.0	500

资料来源：年龄比例数据来源于《2020深圳市互联网发展状况研究报告》。

表10　针对不同地区和性别的线下调查抽样人数

地区	年末常住人口（万人）	所占比例（%）	抽样总人数（人）	抽样人数（男）（人）	抽样人数（女）（人）
福田区	155.41	8.81	44	24	20
罗湖区	114.75	6.51	33	18	15
盐田区	21.43	1.22	6	3	3
南山区	180.42	10.23	51	28	23
宝安区	449.11	25.47	127	70	57
龙岗区	399.9	22.68	113	62	51
龙华区	254.32	14.42	72	40	32
坪山区	55.43	3.14	16	9	7
光明区	110.35	6.26	31	17	14
大鹏新区	15.69	0.89	5	3	2
深汕特别合作区	6.57	0.37	2	1	1
全　市	1763.38	100.00	500	275	225

资料来源：性别和区域人口分布数据来源于《深圳统计年鉴2021》。

　　线下问卷调查通过定点调研、人员拦访的方式，在深圳各区进行问卷的收集。在线下问卷调查过程中，访谈员在该区人流密集处进行问卷收集。线下网民在调查人员的指导下填答问卷，以保证问卷的有效性与高质量。问卷平台记录线下问卷填答者的具体填答时间等信息，对不符合答题时长或存在无效作答的问卷进行剔除，切实保障了问卷填答的质量。问卷回收的最终结果与配额抽样要求的情况误差小于0.1%。

（二）问卷调查样本结构

1. 样本学历结构

在本次调查的11500名深圳市网民样本中，初中及以下学历的网民占2.8%，高中/中专学历的网民占11.5%，大专学历的网民占18.1%，本科学历的网民占58.7%，研究生及以上学历的网民占9.1%（见图3）。

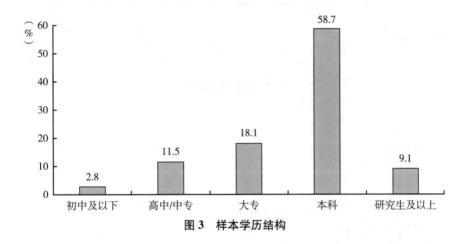

图3 样本学历结构

2. 样本收入结构

在调查样本中，月收入3000元以下的网民占16.7%；月收入3000～5999元的网民占20.3%；月收入6000～9999元的网民最多，占31.0%；月收入10000～14999元的网民占19.8%；月收入15000元及以上的网民占12.1%（见图4）。

3. 样本职业结构

在调查样本中，企业/公司一般职员最多，占27.6%；其次是学生群体，占19.3%。企业/公司的管理人员和一般人员共占49.8%，党政机关事业单位的领导干部和一般职员共占5.6%（见图5）。

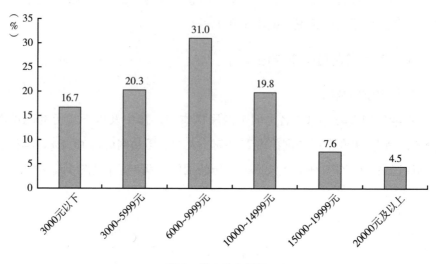

图4　样本收入结构

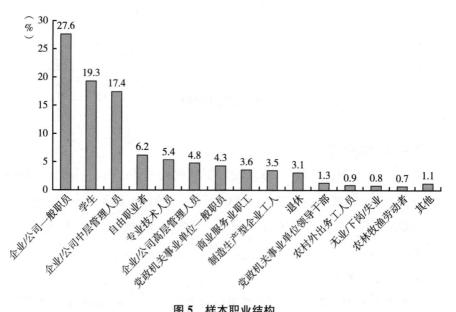

图5　样本职业结构

（三）问卷调查得分计算规则

网民的网络文明素养通过问卷调查结果进行计算。在指标体系中，每个维度基于 3000 名网民（2500 份线上问卷和 500 份线下问卷）的数据进行测量。采用 Likert 五级量表评分法，对网络文明素养中各个维度的陈述情况进行自我评分，"1"代表"非常不同意"，"2"代表"比较不同意"，"3"代表"中立"，"4"代表"比较同意"，"5"代表"非常同意"，最终将根据题项得出的分数乘以 20，将五级量表折算为百分制，得分越高表示网民文明程度越高。每个二级维度的得分由维度下问卷题项测量结果求均值得出，一级维度的得分则由二级维度的得分求均值得出。同时，为了使数据结果方便易读，本报告将网民在各个维度上的得分划分为四个水平，分别为"非常低""比较低""比较高""非常高"。如果网民在某一维度上的得分在 60 分及以上、80 分及以下，则我们认为该网民相应的意识水平或素养"比较高"，得分在 80 分以上则为"非常高"；得分在 40 分及以上、60 分以下，则为"比较低"，得分在 40 分以下，则为"非常低"。另外，在差异性检验中，二分类变量的检验方法为独立样本 t 检验（T-test），多分类变量的检验方法为单因素方差分析（ANOVA），不满足方差齐性的变量采用 Welch 方法进行修正。

（四）大数据收集与分析

本报告采用大数据分析方法对深圳市网民在社交媒体中的网络文明行为进行挖掘和刻画，以弥补问卷调查方法自我汇报的主观性。通过大数据分析方法分析深圳市网民的具体网络行为实践，可以对深圳市网民的上网和用网文明进行实证研究，对深圳市网民的文明上网行为进行多维度和细颗粒度的解读，为政府决策和网络空间治理提供依据。本部分的分析聚焦于国内最大的社交媒体平台之一——新浪微博，基于海量的网民网络行为数据，通过分析网民在这一主流社交媒体平台上的数字足迹，来分析深圳市网民在内容生产、社会互动等多个维度上的网络文明行为。《2018 微博用户发展报告》和

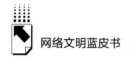

2020年微博第一季度的财报显示，作为中国最大社交媒体平台之一的新浪微博的用户月活跃高达5.6亿，是具有一定代表性的、强互动性的网络公共表达平台。

1. 用户数据

为了选取具有代表性的深圳市网民用户，课题组基于2021年2月通过社交媒体数据采集平台—粟科研（https：//saas. yisukeyan. com/#/login）所抓取的海量深圳微博用户数据进行观测。通过微博提供的特定城市用户高级检索功能，共获得163462名深圳地区的活跃微博用户。活跃微博用户的标准主要有两个：一是粉丝数、关注数和历史发文数大于50；二是在过去的一个月有发微博的行为。此外，考虑到用户池距离本课题的研究有一年的时间间隔，且用户具有地理上的流动性①（深圳市的非户籍人口具有较高的流动性），为了进一步筛选符合本课题要求的深圳市居民，本课题利用新浪微博在2022年推出的用户IP归属地功能②，对原始数据框里的163462名用户的IP地理归属地进行爬取，最终筛选出83096名当前地理位置为深圳的微博用户。在这83096名深圳用户中，男性用户27989名（占比33.68%），女性用户55107名（占比66.32%）。根据深圳市网络媒体协会正式发布的《2020深圳市互联网发展状况研究报告》③，截至2020年12月，深圳市网民男女比例基本持平。为防止性别失衡使分析结果的准确性和稳定性受到影响，课题组采用重新抽样（resampling）的方法，对不同性别类型用户群组重新抽样，以实现样本均衡。最终，我们从中重新抽取了56293名深圳市微博用户，作为纳入分析的大数据研究样本。

大数据研究样本的性别分布情况为：男性用户27966名（占比

① 潘碧麟、王江浩、葛咏、马明国：《基于微博签到数据的成渝城市群空间结构及其城际人口流动研究》，《地球信息科学学报》2019年第1期。
② 微博管理员：《IP属地功能升级公告》，微博，2022年4月28日，https：//weibo.com/1934183965/LqvYeCdBu？type=comment#_ rnd1656251552023。
③ 《〈2020深圳市互联网发展状况研究报告〉发布：疫情下，深圳网民最爱外卖、理财、打车、看片》，深圳新闻网，2021年6月21日，https：//www. sznews. com/news/content/2021-06/21/content_ 24315110. htm。

49.68%)，女性用户 28327 名（占比 50.32%），男女用户比例基本持平。就用户的认证情况而言，非认证用户 50063 名（占比 88.93%），认证用户 6230 名（占比 11.07%）。就用户类型而言，大 V 用户 4628 名（占比 8.22%），机构用户 1622 名（占比 2.88%），普通用户 50043 名（占比 88.90%）。在深圳市微博用户信用等级上，80.22%的用户信用较好和信用极好，只有 2.45%的用户信用较低，而 17.33%的用户信用一般。

这 56293 名深圳市微博用户历史发文数平均数为 4349 条，远高于全国用户平均发文数（2029 条）；深圳市微博用户的平均粉丝数为 10297 名、平均关注账户数为 493 个，远高于全国活跃用户的平均粉丝数（5034 名）和平均关注账户数（460 个）①，说明深圳市微博用户在网络空间中的在线活跃程度较高，网络空间影响力较大（见表 11）。

表 11 深圳市微博用户构成基本情况

维度	基本情况描述
用户性别构成	男 = 27966(49.68%),女 = 28327(50.32%)
用户认证情况	非认证用户 50063(88.93%),认证用户 6230(11.07%)
不同用户类型	大 V 用户 = 4628(8.22%),机构用户 = 1622(2.88%),普通用户 = 50043(88.90%)
用户 VIP 等级	1 = 7208(12.80%),2 = 7292(12.95%),3 = 7337(13.03%),4 = 7370(13.09%),5 = 8104(14.40%),6 = 10543(18.73%),7 = 8439(14.99%)
用户信用等级	信用较低 = 1381（2.45%）,信用一般 = 9757（17.33%）,信用较好 = 38671（68.70%）,信用极好 = 6484(11.52%)
历史发文数	平均值 = 4349
粉丝数	平均值 = 10297
关注账户数	平均值 = 493
用户总数	56293

① A. Chen, J. Zhang, W. Liao, et al., "Multiplicity and Dynamics of Social Representations of the COVID-19 Pandemic on Chinese Social Media from 2019 to 2020," *Information Processing & Management* 59（2022）：102990.

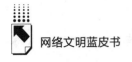

2. 博文数据

在确定基本用户的数据框之后，课题组采集了 83096 名微博用户 2021 年 5 月 1 日至 2022 年 4 月 30 日的所有历史博文，总计 11238872 条微博。在重新配比抽样之后，根据 56293 名用户的微博 ID，我们筛选出其在 2021 年 5 月 1 日至 2022 年 4 月 30 日这一年内生产的全部微博，总计 6132679 条。从图 6 所示的深圳市微博用户发文时间分布来看，深圳市用户的微博发文体量在过去的一年中有所波动，但就总体趋势而言，在 2021 年 12 月之后微博发文数有一个明显的攀升，2022 年 4 月底人均日发文在 1.6 条左右（见图 6）。

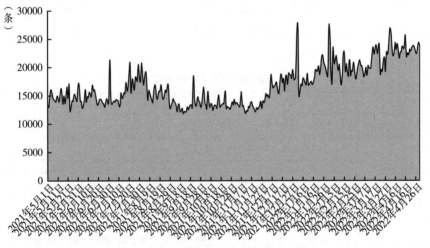

图 6　深圳市微博用户发文数量日分布

而就微博用户一天之内的不同时间段的发文量而言，基本上符合社交媒体使用的规律，在 12 点处于一个较高的水平，并且在晚上下班之后逐渐攀升，至 22 点到达最高。社交媒体用户的发文量基本符合社会的时间规律，与社会工作安排和人们的生活节奏同步（见图 7）。

3. 用户互动数据

根据爬取的微博数据，课题组将评论数大于或等于一条的微博筛选出来，并将每条微博的评论数据爬取下来，总计获得 4054678 条评论数据。总体而

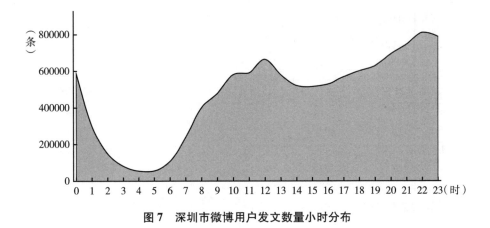

图7 深圳市微博用户发文数量小时分布

言，深圳市网民在网络空间中互动频繁，较为活跃。针对不同类型的微博用户，经过认证的大V用户收到的评论平均数为35条，收到的平均点赞数为239次，收到的平均转发数为157次。深圳普通网民收到的评论平均数为0.5条，收到的平均点赞数为2次，收到的平均转发数为1次。同时，我们将对深圳市网民的微博内容进行评论的互动者数据爬取下来，获取其IP归属地理位置，观察深圳市网民与其他地区网民的互动规律。图8和图9分别展示了深圳市微博用户与全国各省区市微博用户评论互动的时间分布和互动频次。

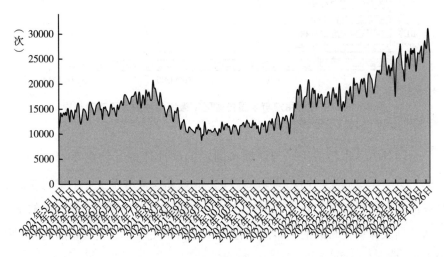

图8 深圳市微博用户与全国各省区市微博用户评论互动的时间分布

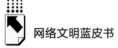

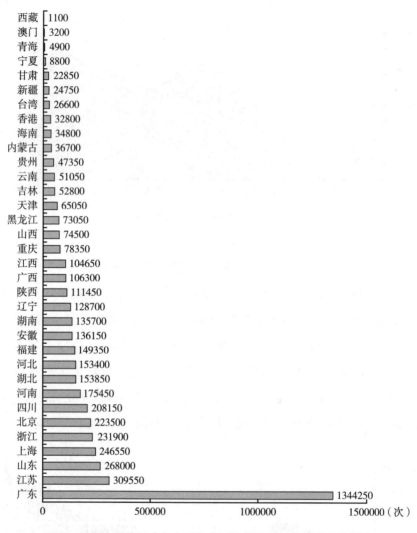

图9　深圳市微博用户与全国各省区市微博用户的评论互动频次

　　全国各省区市微博用户与深圳市网民的微博评论互动在2021年8～11月经历了一个低谷期，而在2021年11月底逐渐反弹攀升至一个比较高的水平。深圳市网民与其他各省区市网民的互动趋势可能与深圳年轻网民的学习生活计划及深圳上班族的人口流动存在一定的相关性，而更确切的解释有待深入探讨。

如图 9 所示，深圳市微博用户与广东省内的微博用户的评论互动最为频繁，这是由地理接近性和社会关系结构决定的。除广东之外，与深圳市微博用户评论互动最为频繁的省市依次是江苏（309550 次）、山东（268000次）、上海（246550 次）、浙江（231900 次）、北京（223500 次）、四川（208150 次）、河南（175450 次）、湖北（153850 次）、河北（153400 次）、福建（149350 次）、安徽（136150 次）、湖南（135700 次）等。东部地区省市与深圳市微博用户的高频互动是因为其在经济、文化和人口流动上的关联比较紧密，产生了丰富的社会关系，而中部地区可能是由于流入深圳务工的人口数量基数比较大，迁移了原有的社会关系至深圳，线下社会关系的结构在网络空间中以互动的方式呈现出来。

（五）深圳市网民互联网使用基本状况

1. 上网时长

本次调查中，深圳市网民人均每日上网时长为 5.86 小时。根据 CNNIC于 2022 年 8 月发布的第 50 次《中国互联网络发展状况统计报告》，中国网民的人均每日上网时长为 4.21 小时。深圳市网民的人均每日上网时间明显长于全国人均水平，超出 1.65 小时。

从不同年龄段的网民来看，14~19 岁网民[①]人均每日上网 6.39 小时；20~29 岁网民人均每日上网 6.35 小时；30~39 岁网民人均每日上网 5.39 小时；40~49 岁网民人均每日上网 5.60 小时；50 岁及以上网民人均每日上网5.29 小时（见图 10）。其中，30 岁以下网民的人均每日上网时长"破六"，显著高于其他年龄段的网民。

2. 触网时间

从触网时间（即开始使用互联网至今）上看，仅有 1.0% 的深圳市网民使用互联网时间在 1 年以内（含 1 年），14.6% 的深圳市网民使用互联网时间为 1~5 年（含 5 年），43.8% 的深圳市网民使用互联网时间为 5~10 年

---

① 样本主体多为 18~19 岁。

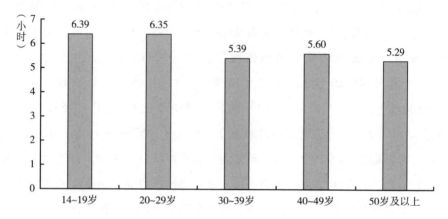

图10 深圳市网民人均每日上网时长

（含10年），28.0%的深圳市网民使用互联网时间为10~15年（含15年），12.6%的深圳市网民使用互联网时间为15年以上（见图11）。

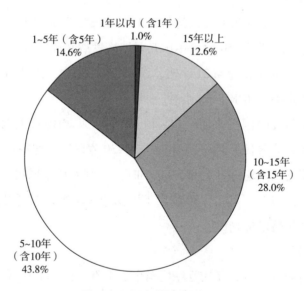

图11 深圳市网民触网时间

从不同年龄段的网民的触网时间来看，超过1/4的20~29岁网民已经接触互联网10~15年（含15年），超过一半的20~29岁网民已经接触互联网5~10年（含10年）。而17.5%的14~19岁网民已经接触互联网10~15年（含15年），48.3%的14~19岁网民已经接触互联网5~10年（含10年）（见图12）。可见，深圳市民首次接触互联网的年龄走低，呈现"出生时间晚，触网时间早"的特征，"00后"在成长的早期阶段即已接触互联网，成为真正意义上的"数字原住民"。

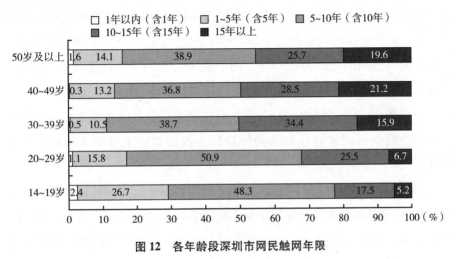

图12　各年龄段深圳市网民触网年限

3. 各类互联网应用使用率

深圳市网民对即时通信、网络视频（含短视频）、网络支付、网络购物类应用的使用率在80%以上。其中，97.9%的网民近一周内使用过微信、QQ等即时通信类应用，即时通信类应用满足了网民基本的互联互通需求。随着互联网应用新功能的不断升级，即时通信类应用的需求场景进一步丰富，已成为互联网中不可或缺的基础设施。

结合第49次《中国互联网络发展状况统计报告》中全国网民对各类互联网应用的使用情况来看，深圳市网民对一些商务交易类应用的使用率明显高于全国网民平均使用率。其中，深圳市网民使用网络支付类应用的比例为89.7%，高于全国网民86.4%的使用率；深圳市网民使用网络购物类应用的比例为86.8%，明显高于全国网民79.1%的使用率；深圳市网民对网上外卖类应用的使用率为64.2%，更是明显高于全国网民

42.3%的使用率；深圳市网民使用互联网理财类应用的比例为34.7%，也明显高于全国网民使用率17.2%。这些数据显示出深圳市基于互联网的市场经济繁荣发展，互联网的市场化应用在深圳市民生活中扮演着重要角色。

另外，深圳市网民在一些公共服务类应用的使用率上也明显高于全国网民的平均水平。在日常出行上，深圳市网民使用网约车类应用的比例为45.6%，高于全国网民的使用率36.9%；在在线办公上，深圳市网民使用在线办公类应用的比例为42.1%，高于全国网民34.9%的使用率；在医疗服务上，深圳市网民使用在线医疗类应用的比例为23.6%，略高于全国网民平均比例21.7%。深圳市公共服务类应用的高普及率体现出深圳市网民对网络空间生活的适应性和选择倾向性，侧面验证了网络文明建设的必要性。

同时，值得关注的是，深圳市网民对网络新闻（63.6%）和搜索引擎（62.5%）等基础类应用的使用率低于全国网民的平均水平。此外，深圳市网民对网络视频（84.5%）及网络直播（51.0%）类应用的使用率低于全国网民的平均水平。在城市的快节奏和强压力生活状态下，深圳市网民的娱乐消遣时间占比相对低于全国网民平均水平。

全国及深圳市网民各类互联网应用使用率见图13。从使用互联网应用类别的多样性来看，深圳市网民在近一个月平均使用了9.0类（共16个类别）上述互联网应用。其中，50岁及以上的深圳市网民近一个月使用了8.6类上述互联网应用，低于其他年龄段网民群体（见图14）。

4. 常见互联网App使用率

从深圳市网民常使用的互联网App来看，微信（97.0%）、支付宝（77.8%）和抖音（76.4%）是深圳市网民使用率最高的互联网App（见图15）。

从各互联网App深圳市用户的年龄结构来看，哔哩哔哩、小红书、拼多多、QQ等互联网App用户群体较为年轻化，年龄小于30岁的用户分别占据全部用户的55.5%、53.6%、49.8%和49.5%。在腾讯新闻、今日头条

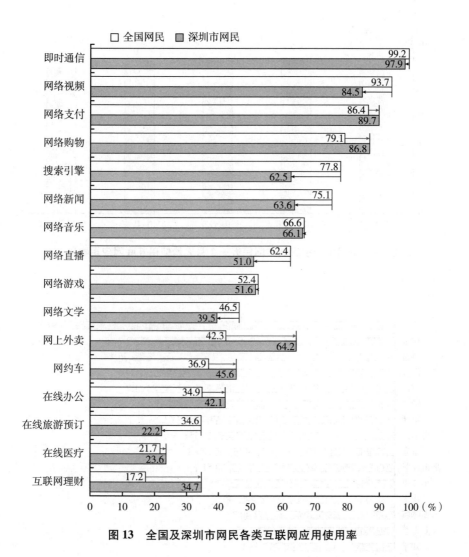

图 13　全国及深圳市网民各类互联网应用使用率

和快手的用户中，50 岁及以上的网民群体占到所有用户的 10.0% 以上（见图 16）。

同时，14~19 岁网民和 40~49 岁网民的媒介使用习惯呈现不同的特征。40~49 岁网民对京东、快手、今日头条、腾讯新闻等互联网 App 的使用率显著高于 14~19 岁网民，而 14~19 岁网民对淘宝、QQ、微博、小红书、哔

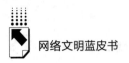

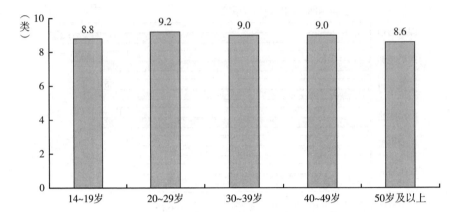

图 14 不同年龄段深圳市网民近一个月人均使用互联网应用类数

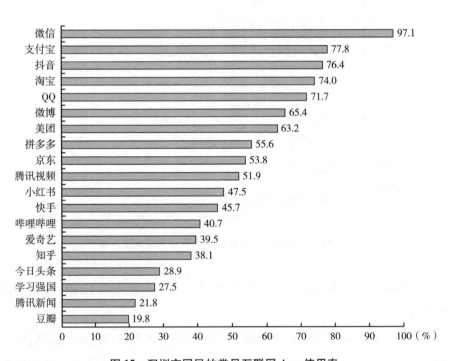

图 15 深圳市网民的常见互联网 App 使用率

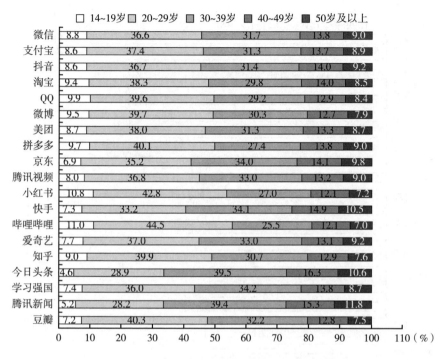

图 16　常见互联网 App 深圳市用户年龄结构

哩哔哩和知乎等互联网 App 的使用率显著高于 40~49 岁网民（见图 17）。

从性别结构来看，各常见互联网 App 的男性和女性用户占比趋近于调查样本中男性和女性的总体占比（55∶45）。其中，新闻资讯类 App 用户中男性用户相对较多，今日头条的男性用户占 59.5%，女性用户占 40.5%；腾讯新闻的男性用户占 57.1%，女性用户占 42.9%。在生活消费类 App 中，小红书的女性用户占比较多，为 51.8%，男性用户占 48.2%（见图 18）。

深圳市男性网民使用率最高的 10 个互联网 App 分别为微信、抖音、支付宝、QQ、淘宝、微博、美团、京东、腾讯视频和拼多多（见图 19）。深圳市女性网民使用率最高的 10 个互联网 App 分别为微信、支付宝、淘宝、抖音、QQ、微博、美团、拼多多、小红书和京东（见图 20）。

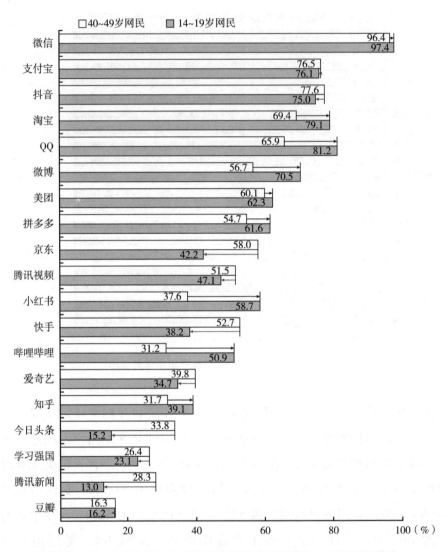

图17　14~19岁和40~49岁深圳市网民常见互联网 App 使用率差异

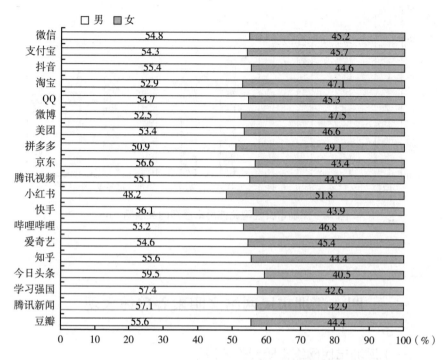

图18 常见互联网 App 深圳市用户性别结构

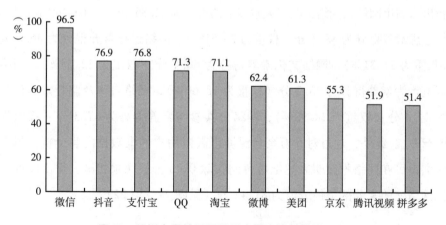

图19 深圳市男性网民使用率最高的互联网 App

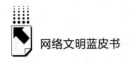

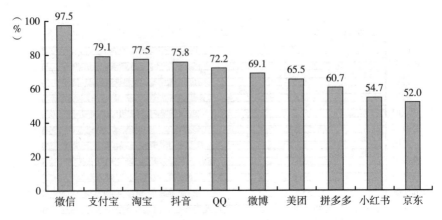

图20　深圳市女性网民使用率最高的互联网 App

四　深圳市民网络文明素养总体表现

（一）深圳市民网络文明素养分值

课题组通过对深圳市 11500 名 14 岁及以上网民的线上与线下问卷调查，得出深圳市网民在网络文明六大素养上的得分为 81.85 分。其中，深圳市民网络思想素养得分为 88.2 分（权重为 23.51%），网络道德素养得分为 86.0 分（权重为 21.31%），网络文化素养得分为 80.4 分（权重为 12.33%），网络规范行为素养得分为 75.2 分（权重为 18.60%），网络自律及监督素养得分为 84.4 分（权重为 14.92%），网络公共参与素养得分为 67.3 分（权重为 9.32%）。此外，通过对 5 万余名深圳市微博用户的大数据内容分析，得出深圳市民在网络不文明表达上应负向扣除 0.43 分。两项相减，得出深圳市民网络文明素养的最终分值为 81.42 分（见图21、图22）。

（二）深圳市民网络文明素养总结

党的十八大以来，习近平总书记多次在有关讲话、报告、指示中提

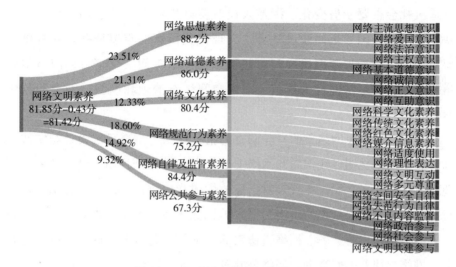

图21 深圳市民网络文明素养总分值

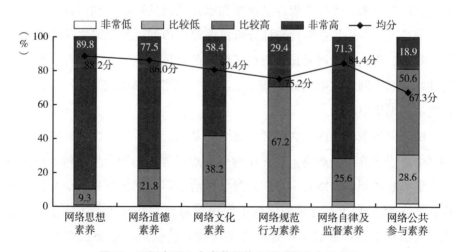

图22 深圳市民六大素养具体分值及得分水平占比

及网络文明建设问题。网络文明是精神文明建设的重要组成部分,是坚持党在意识形态领域主导权的必要保证。2021年,中共中央办公厅、国务院办公厅印发的《关于加强网络文明建设的意见》指出,加强网络文明建设是推进社会主义精神文明建设、提高社会文明程度的必然要求,

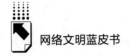

是适应社会主要矛盾变化、满足人民对美好生活向往的迫切需要，是加快建设网络强国、全面建设社会主义现代化国家的重要任务。在具体的要求层面，包括加强网络空间思想引领、网络空间文化培育、网络空间道德建设、网络空间行为规范、网络空间生态治理和网络空间文明创建六个核心目标。

本次深圳市民网络文明素养调查的指标体系，融合顶层设计与实践导向，涵盖网络文明底线保障和网络文明社会倡导两个视角，结合政府、行业、媒体、学者、网民等代表对指标的构成和权重进行综合的评估，最终形成了一套科学、全面的网络文明素养指标体系。本次调查共分为六个核心部分：网络思想素养、网络道德素养、网络文化素养、网络规范行为素养、网络自律及监督素养、网络公共参与素养。通过对11500名14岁及以上深圳市网民的线上与线下问卷调查，以及对5万余名深圳市微博用户的大数据内容分析，本报告得以呈现深圳市互联网发展状况和网民网络文明素养的情况，并采用推断性统计分析挖掘深圳市网民的网络文明素养在性别、年龄、收入、触网时长和所在区域上的群体间差异，系统性、综合性地评判深圳市网络文明建设的现状，为进一步推动深圳市网络文明建设、营造清朗网络空间助力。

网络思想素养是网络文明素养建立的基础，在所有维度中，深圳市民的网络思想素养得分最高，包含在网络思想素养中的四个考察维度——网络主流思想意识、网络爱国意识、网络法治意识、网络主权意识得分也较高，均在85分以上。这说明深圳市网民在习近平新时代中国特色社会主义思想引领下逐步形成了符合社会主义核心价值观的思想认知和观念态度；对国家有着较强的认同，并且能够自觉肩负起国家建设过程中的种种社会责任；对国家的法治建设有比较深入的了解，在日常实践中基本可以做到尊法、学法、守法、用法；具备较为成熟的网络安全观，能够正确认识国家安全形势，了解身处其中的自己需要承担的国家网络信息安全的责任与义务。在不同特征群体中，网络思想素养存在些许差异，例如青少年群体的网络主流思想意识水平、网络爱国意识水平与网络主权意识水平相较于年龄更大的网民群体稍低一些。青少年是国家未来建设的主力军，其价值观尚在形成过程中，在未来的网络文明建设中，应进一步丰富社会主义核心价值观的宣传形式，贴合青少年的阅读兴趣，建设健康有序、具有活力的网络空间。

网络道德素养是网民个人道德在网络空间中的体现，深圳市网民整体的网络道德素养较高，四个细分维度——网络基本道德意识、网络诚信意识、网络正义意识以及网络互助意识得分也都在80分以上，其中网络诚信意识、网络正义意识、网络互助意识得分均在85分以上。深圳市网民普遍认同网络道德和现实道德一样重要，在网络环境中依旧能够做到诚实守信、言行一致、不侵犯其他网络主体的权利；拥有维护社会正义的意识，能为促进网络权利、资源的公平公正分配做出贡献，支持并声援在网络中的弱势群体；能够在网络中自发地帮助他人，提供能力范围内的社会支持、情感共享，并在合适的时机提醒他人警惕网络陷阱。在对不同特征人群的比较中，本次调查发现，老网民相较于新网民具有较高的网络基本道德意识、网络诚信意识以及网络正义意识。加强网络空间道德建设，需要强化网络道德示范引领，正确认识不同人群的特点，针对性地开展网络道德教育。

网络文化素养是网络文明的重要表现，深圳市网民的网络文化素养水平相较于前两个维度稍低一些，但也保持在较高的水平。四个细分维度——网络科学文化素养、网络红色文化素养、网络传统文化素养和网络媒介信息素养也有不错的得分，其中网络传统文化素养和网络媒介信息素养在80分以上。这表明深圳市网民具备一定的电子媒介信息获取能力、评估能力与运用能力，并且能够运用信息去解决生活中的科学问题，能通过网络自主学习不断提升自我；对中华传统文化和红色文化有深刻的理解、不俗的审美表现和较为强烈的情感认同，并愿意参与到文化建设的过程中，主动传播与分享祖国的优秀文化。在对不同年龄组的网络文化素养进行比较时，研究结果发现，14~19岁网民的网络文化素养以及四个子维度素养均显著低于其他年龄段。在之后对青少年的文化教育中，应当尊重青少年的学习与发展规律，了解其文化接受特点、关注其精神成长需要，并且用他们喜闻乐见的方式进

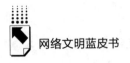

行文化教育。

网络规范行为素养意指网民在互联网上遵循正确的行为准则和道德规范的素养。相较于其他几个维度，深圳市网民的网络规范行为素养得分稍低。深圳市网民的网络适度使用维度得分相对较低，而在网络理性表达、网络文明互动及网络多元尊重上得分较高。这说明深圳市网民能够遵循互联网社会整体默认的规范，在网络中能够保持批判性、多角度思考，用客观、谨慎、理性的态度看待与评价社会公共事件；与他人进行线上交流时能够保持友好的沟通状态，耐心倾听、换位思考，对他人的遭遇保有同理心；对待与自己不同的网民群体，能摒除偏见与怀疑，尊重各自的喜好与观点态度。在网络适度使用方面，深圳市网民在心理和生理上对网络产生了一定的依赖。过度使用网络可能会导致作息不平衡等问题，危害青少年和成年人的身心健康，值得引起关注。进一步完善政府、学校、家庭、社会相结合的网络素养教育机制，提高人们的正确用网和安全防范意识，并健全防范青少年沉迷网络工作机制尤为重要。在对多元群体的尊重和平等对待上，目前深圳市已在对多元群体的社会支持上做出诸多探索，未来的网络文明创建需要全民共同参与，从话语表达与行为实践上给予不同群体更多支持。

网络自律及监督素养是网络文明的重要面向，是衡量网民在网络空间中自律与他律意识的重要指标。深圳市网民整体的网络自律及监督素养较高，在三个细分维度——网络空间安全自律、网络失范行为自律、网络不良内容监督中的表现也较好。具体而言，深圳市网民安全防范意识较强，在遇到网络暴力、网络诈骗和网络谣言时基本能做到识别并防范，在面对网络中的不良行为时能够积极举报，遵守网络空间的规范。未来在进一步提高网络自律与他律意识上，深圳市网民应该加强对潜在网络风险的防范意识，并提高对网络暴力的权益保护意识。同时，政府及平台组织等应鼓励网民通过合法和合理的方式，维护自己的网络权益，抵制不良的网络行为。

网络公共参与素养是网络文明的重要组成部分，衡量网民作为主体参与网络空间生态建设的程度。整体而言，深圳市网民网络公共参与素养得分有待提升。在网络政治参与方面，大部分网民具有较高的网络政治信息获取素养，但在参与各类公共事务，并与公共管理部门在线交流解决自身需求上有待强化；在网络社会参与方面，深圳市网民的网络社会议题信息获取、网络社会议题意见交流，尤其是网络社会组织活动参与意愿亦有进一步提升空间；相对来说，在网络公共参与素养中，深圳市网民的网络文明共建参与有较好的表现，能够积极获取关于网络文明建设的信息、表达自己对网络文明创建活动的看法、参与诸如正能量传递的网络活动。公共参与在社会治理中发挥着重要作用。互联网的出现拓展了公共参与的形式，增添了公共参与的内容。在互联网成为"最大变量"的前提下，网络文明创建活动不断从线下向线上延伸，一系列群众性精神文明创建活动、网德工程在互联网上蓬勃开展。网络文明创建是涉及政府和非政府各个层面的建设活动。人民群众是社会历史的创造者，在网络文明创建的过程中，充分发挥网民的主体作用，引导广大网民遵德守法、文明互动、理性表达，有助于全社会提升网络文明素养，净化网络环境，共同打造"共建共治共享"的新型格局。

五　深圳市民网络文明素养制度建设与机制保障

为深入贯彻落实习近平总书记关于网络文明建设的重要讲话精神，贯彻落实中共中央办公厅、国务院办公厅印发的《关于加强网络文明建设的意见》中关于共建网上美好精神家园、营造风清气正网络空间的部署要求，进一步提升深圳市网民的网络文明素养，深圳市在制度建设和机制保障上应从以下维度着手。

（一）指导思想

以习近平新时代中国特色社会主义思想为指导，全面贯彻党的二十大精神，深入学习贯彻习近平总书记关于网络文明建设的重要论述以及对广东、深圳的系列重要讲话和重要指示批示精神，弘扬时代新风，建设网络文明，进一步提升深圳市网民的网络思想、道德、文化、规范行为、自律及监督和

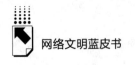

公共参与素养，为深圳建设好中国特色社会主义先行示范区、创建社会主义现代化强国的城市范例、率先实现社会主义现代化提供有力支撑。

（二）工作原则

1.坚持发挥网民主体作用

网民既是网络文明的参与者、建设者，也是网络文明的受益者。深圳市应注重发挥网民作为网络空间实践主体的主人翁精神，着力培育网民的责任意识，使网民树立担当精神，激发网民参与网络文明建设的积极性、主动性、创造性，引导广大网民自我教育、自我监督、自我提升，共同营造文明、安全、绿色的网络环境。

2.坚持系统性、坚持统筹推进

构建多维度、跨部门、全方位的网民网络文明素养提升促进体系，系统性培育及创建网络文明素养教育实践基地，坚持教育引导、实践养成、管理规范三策并举，建立有效的激励和惩戒协同机制，综合运用倡导宣传的柔性力量和法治监督的刚性力量，统筹推进网络文明素养整体提升。

3.坚持针对性、分众化实施

遵循全面提升、重点促进的原则，依据网络文明素养的人群差异化现状，创新工作思路，针对青少年网民群体、老年网民群体等各类人群特点开发特色化网络文明素养提升渠道，开展具有吸引力、感染力和实效性的创新型举措，切实提升网民的网络文明素养。

（三）重点任务和工作措施

1.强化思想引领，进一步提升网络思想素养

（1）广泛开展主流思想意识教育

深入学习宣传贯彻习近平新时代中国特色社会主义思想，用党的创新理论教育和武装网民。加强和改进新时代思想政治工作在网络空间的实践，强化网民对于网络空间认识的底线思维，持续培养网民的爱国意识、网络安全意识、网络主权意识和网络法治意识等。发挥"学习强国"深圳平台作为主流平台的影响力，打造具有深度内涵的品牌内容，加强互联网宣讲阵地和队伍建设，推动主流思想和政策理论"飞入寻常百姓家"。

（2）深化网络爱国意识培育

改革创新新时代爱国教育内容和形式，坚持以习近平新时代中国特色社会主义思想为引领，利用网络媒体爱国主义信息的教育性和感染力，振奋民族精神、凝聚全民族力量。爱国主义是中华民族精神的核心，在落实《新时代爱国主义教育实施纲要》的基础上，加强网络爱国意识培育和引导，广泛传播爱国主义网络视听内容，激发网民的爱国热情。

（3）强化网络法治意识

贯彻推广"网络空间不是法外之地"的法治意识和观念，开展网络法治教育、法治效能培训等活动，形成依法办网、依法上网的有序空间生态。以法治教育约束网民的网络行为，同时赋予网民依法保护自身的网络权利。落实普法责任，积极调动媒体公益普法，创新开展网络普法行动。畅通网络法律咨询渠道，建立网络法律权威平台，强化网络法律援助等公共法律服务。

（4）增强网络主权意识

筑牢网络安全防线，以警示、预防等视角展开宣传，让"没有网络安全，就没有国家安全"的意识深入人心，让"网络安全人人有责"的意识落地生根。网络已成为陆海空天之外的"第五类疆域"，应调动普通网民的积极性，维护网络空间的安全和主权，反对网络霸权主义、网络恐怖主义。要认识到当前所面临的网络空间意识形态斗争的激烈性，守住国内国际话语场中的网络安全底线。

2. 倡导厚德理念，进一步提升网络道德素养

（1）提升新时代网络道德素养

加强网民在网络空间中的基本道德意识，强调网络空间道德与现实道德的同等重要性，培育诚实守信、言行一致的新时代网民。打造"网民道德教育实践创新基地"，涵养网民的朴素道德意识，明确网络是非观念，培育符合互联网发展规律、体现社会主义精神文明建设要求的网络伦理、网络道

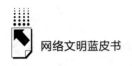

德。通过舆论引导和信念形塑等方式，推动网络道德的原则意识、实践理念和行为习惯的养成。深入实施网络道德培育活动，开展先进典型学习宣传活动，营造良好的网络道德环境，保障网络道德建设的成效。

（2）推进网络诚信建设

深化网络诚信宣教和示范创建工作，宣传网络守信典型，曝光网络失信行为。鼓励网民的自律行为，提升网民的诚信意识，建立及完善个人网络信用信息数据库，倡导建立个人网络诚信形象，为网络诚信网民提供快捷、便利型服务，引导网民主动抵制失信行为。加快推进网络信用体系与社会信用体系的融合，构建以信用为核心的新型监管机制。同时，健全网络信用承诺制度，对网络失信行为进行监督和管理，打造不敢失信、不能失信、不愿失信的网络环境。

（3）增强网络正义意识

清朗网络空间的建设不能容忍乌烟瘴气、生态恶化、不符合人民利益的不正义行为。推进网络综合治理体系建立，强化向上向善声音和力量的传播力、引导力和影响力，倡导正义勇敢之风，积极宣传、关心关爱在网络空间中敢于见义勇为的网民，形成匡扶正义的良好风尚。对网络空间中的恃强凌弱、攻击谩骂等行为予以严格约束和震慑，提供网络空间保护机制让网络正义行为得以付诸实践，提升正义网民的价值感，维系网络的良好生态。

（4）践行网络互助行为

积极培育网络公益力量，壮大网络公益队伍，形成线上线下踊跃参与公益事业的生动局面。加大网络公益宣传力度，引导人们随时、随地、随手做公益，推动形成关爱他人、奉献社会的良好风尚。拓展"互联网+公益""互联网+慈善"模式，广泛开展形式多样的网络公益、网络慈善活动，激发全社会参与公益、慈善活动的热情。加强网络公益规范化运行和管理，完善相关法规制度，促进网络公益健康有序发展。

3.滋养文化根脉，进一步提升网络文化素养

（1）大力普及网络科学文化知识

倡导网民通过网络渠道获取、习得和传播科学文化知识，增加线上线下一体的文化交流机会。倡导读书学习之风，搭建和推广数字化阅读平台，建立"网络文化素养培育中心"，深化"阅读之城"的网络空间建设。鼓励生产优质科学文化内容，规范和优化网络科学文化信息内容的检索过程。丰富推广"数字文化库"，持续开展网络科学文化交流活动，涵养市民文化艺术修养。培养文化专家的网络科普意识，引导网络大V、科研机构等开展网络分享，开放网络科普资源。加强网络文化内容创作团队搭建，使各方优势互补、资源相互衔接，提升网络科学文化内容的质量。

（2）提升网络媒介信息素养

推动网络素养建设，开展"网络素养提升"培训及工作坊等活动，培育网民有效选择、正确理解和合理使用媒介的能力。提升网民对虚假信息的鉴别能力、判断力和思辨能力，减少网络误导和欺骗等情形，避免网络谣言的负面影响。培养具有良好媒介信息素养的网民，使其能够正确地、建设性地利用大众传媒资源，持续完善自己，参与社会进步。丰富和优化网络信息内容，打造权威信息平台，对质量参差不齐的内容予以规范整治，常态化开展网络辟谣。

（3）提升网络红色文化素养

实施红色基因传承工程，为互联网内容建设注入"红色力量"。以丰富的网络形式广泛开展"四史"宣传教育，弘扬伟大建党精神，推动党的历史传统和先进思想融入网络国民教育、文明创建和文化创作全过程。充分利用好红色资源，推动红色文化线上线下协同发展，着力打造网络视听红色精品内容。重视网络中的革命榜样与社会模范的宣传工作，充分发挥榜样模范的示范作用。加大对网络上戏谑、污蔑、丑化红色文化与革命精神行为的惩处力度，完善和升级不良内容处置链条，切实推行对网站网民的追责制。

（4）弘扬中华优秀传统文化

用数字技术赋能中华优秀传统文化的传播，提升网络文化产品的文化内涵与品质，利用中华优秀传统文化资源优势，打造具有民族特色与时代特色的文化精品内容与文化创意产品。推动中华优秀传统文化传播数字化平台建

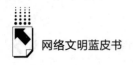

设，打造特色 IP，增强网民的文化自信与民族认同感。实现线下中华优秀传统文化的数字化传承和传播，效仿三星堆等的传播模式"活化"文化遗产，涵养网民中华优秀传统文化底蕴。

4. 培植理性空间，进一步提升网民规范行为素养

（1）强化健康上网、科学用网意识

建立健全预防青少年网络沉迷、网络成瘾机制，关注青少年社交需求和心理动机，避免引发青少年"报复性""叛逆性"上网，引导青少年形成正确用网习惯。搭建青少年网络文明素养课程体系，家校合作，加强青少年对网络的把控力。打造"25 分钟番茄时间"专注力培训营，保障青少年的线下社交生活、运动健身时间，使其不过度依赖网络。建立综合网络平台和24 小时援助热线，关注青少年心理健康服务，推动基于人工智能等的新型心理健康辅助监测手段的实施和覆盖，提升青少年网民的生活质量和幸福感。

（2）提高网民理性表达能力

强化网民对自身发表的言论负责的意识，避免网民将网络表达作为发泄不良情绪的工具。规范网络公共空间的语言表达，倡导回归理性意识，培养网民明辨是非的能力；遇到社会热点新闻，倡导网民不信谣言、不出妄语、不急于"站队"、不冲动表达。开展网络表达和沟通素养相关训练，纠正部分网民的偏私性思维，避免单一化看问题，提醒网民不要被盲目"带节奏"，营造理性、有序的网络氛围。

（3）加快形成良性互动风尚

网民互动是网络繁荣和社会活跃的表现。引导网民以"与人为善"为交流原则，多控制情绪、换位思考，多倾听多尊重，少抨击少伤害他人；培育网民同理心，使网民理解、接受不同观点。形成平台引导、自我约束、他人监督机制，实施"网民言行标杆工程"，鼓励网民见贤思齐，自我净化、自我完善、自我革新、自我提高，"己所不欲，勿施于人"。

（4）提升网络群体间凝聚力

利用网络开放、包容的特征，倡导网络群体之间多元尊重。打造公共领域或公共性平台，以避免网络算法信息"千人千面"导致的群体间信息鸿沟。鼓励网民适度跳出"舒适圈"，增加不同群体间良性互动机会，减少群体间刻板成见和先入为主思维，促进多元文化社群之间的相互理解。搭建不同文化社群之间的网络互动沟通平台，减少群体间的极化，警惕"小圈子"盛行，打造多群体间对话空间，建立群体间信任关系，增强网络空间的社会凝聚力。

5. 践行修身正己，进一步提升网络自律及监督素养

（1）开展全民网络空间安全防护教育

以"护网行动"为基石，强化网络空间安全防护意识，并将其拓展到网民群体中，增强网民对网络空间安全的重视，提升网民自我保护意识和能力。开展网络安全法律法规宣传等系列活动，利用"网络安全宣传周"、宪法日等契机开展活动，增强网络普法教育的针对性和时效性，推动网络法治教育深入开展，营造网络空间学法、守法、用法的良好氛围。

（2）深化网络暴力专项治理行动

敦促平台集中整治，建立完善网络暴力监测识别、实时保护、干预处置、溯源追责、宣传曝光等多项机制；提供"风险提醒""发文警示"等功能及时阻断网络暴力发生；建立健全网络暴力当事人保护机制，对违法违规账号进行分程度处理，对典型案例进行曝光警示。推进"绿色网络行动"，对淫秽色情、低俗、恐怖暴力等内容进行严格管控。

（3）提高网民责权意识和行动力

通过短视频、互动图文等进行宣传教育，增强网民社会责任感，不传谣不信谣，不在网络上诽谤、侮辱、侵犯其他公民权益。同时积极防范侵犯行为的发生，强化网民应对网络暴力等网络失范行为的反应效能，使网民知晓应对策略和维权途径。增强网民对网络造谣、传谣后果的认知，提高网民对不良网络信息内容的敏感性，提高网民对网络诈骗、网络暴力等不良行为的举报监督意识。推行网络文明公约，引导网民积极有序地参与网络治理。通过网民充分自律、积极防范、参与监督，推动网络空间共治共享，营造天朗气清的网络空间。

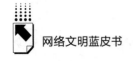

（4）提高网民主动性和创造力

提升网民的参与感和主体意识，举办一系列"众包"创意比赛，激发网民的创造性，形成网络反诈、反网络暴力鲜活材料，催生网络反诈、反网络暴力等"民间同盟"，打造与官方宣传同步的网民力量，共同约束网络失范行为。采用"以赛促学"的方式，推动网民自我学习、自我约束、自我监督，形塑打击网络暴力的社会规范，对不法分子形成有效震慑，引导形成良好的社会风气。

6. 秉持同心同行，进一步提升网络公共参与素养

（1）畅通网络政治参与渠道

加强对网络问政平台的推广，加大对网络政务渠道的主动宣传，提高网民对政务平台和渠道的知晓率和信任度，提升"互联网+"政务服务的用户体验和覆盖广度。建立良性的政务反馈体系，打造政务新媒体的"民间通道"，吸纳"网民之声"。建强用好"学习强国"深圳学习平台等主流传播平台，沟通"两个舆论场"，形成线上线下一体化交往路径，增强网民的获得感和参与感，并吸引更多的网民自觉参与网络文明建设。

（2）营造网络社会参与氛围

创新网络社会参与路径，拓宽网络公益参与的渠道，降低网络公益参与的门槛，创造公益全民化、常态化环境。引导网民积极参与文明实践志愿服务，打造网络空间中的"志愿者之城""关爱之城"。促进可及、便捷、暖心的网络公益项目落地，实现"人人公益、随手公益、指尖公益"，让网络公共参与成为一种生活方式，传播友爱、互助的慈善观念，引领网络社会风气。支持网络公益组织的发展，整合社会网络资源，创新网络社群管理模式，健全网络志愿者队伍建设机制。关爱老年人等数字弱势群体，集合家庭和社会双重力量缩小"数字鸿沟"，保障其数字化权益，让老年人等数字弱势群体更好地融入数字化社会和生活。

（3）推进网络文明创建工程

推进网络文明创建活动不断从线下向线上延伸，举办一系列群众性精神文明创建活动，实施网德工程。继续推行网络文明创建活动（如"圳少年"

"圳青年""深圳好网民"以及文明创建网络义工等），提升网络评选活动影响力，树立"好网民"品牌，发挥其标杆作用。聚焦向上向善的网民群体，讲好深圳故事，强化城市精神认同。深化"好网民"与广大网民的交流互动，呼吁更多网民参与向上向善的线上线下活动。加强网络文明创建工程的国内外交流合作，与兄弟城市共学习、齐发力，凝聚粤港澳网民的向上向善力量，进一步推进体现深圳精神文明特色的网络文明创建工程。

六　深圳市民网络文明素养提升对策与方案

基于深圳市网民网络文明素养的表现，结合深圳市网民对深圳强烈的归属感、身份认同感和主人翁意识，对深圳市网络文化的高满意度，对多元文化的包容和尊重，以及其文化环境中的包容性、平等性、创新性和开放性特征，深圳市有着成为全国网络文明建设新高地的良好基础和充分土壤。针对目前深圳市网民网络文明素养中有待提高的部分，本报告提出以下建议及对策作为进一步推动深圳市网络文明建设的抓手，为营造清朗网络空间助力。

1.积极打造网络文明素养教育实践基地，使其成为联动上下的网络文明建设载体

本报告首创了网络文明素养指标体系，为评估各省区市的网络文明素养现状提供了科学的可测量的"尺子"。深圳市网民网络文明素养最终得分为81.42分，整体表现良好，但有待进一步提高。依照网络文明素养指标体系，以后可逐年评估深圳市网民的网络文明素养表现，为深圳市网络文明建设的年度成效提供参照和支持。

为进一步提高深圳市网民的网络文明素养，深圳市可打造相对应的网络文明素养教育实践基地，使其成为推动网络文明素养建设的有效途径、连接群众并使网络文明内涵在社会层面广泛渗透的有效载体。深圳市可实施"6+N"模式推进网民网络文明素养教育实践，遵循"以点带面"的原则，整合各方资源，上下联动，形成兼具教育意义、审美追求和良好用户体验的网络文明素养建设空间与平台。具体的实践可采取以下"四步走"的方式。

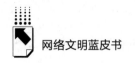
第一，围绕思想素养、道德素养、文化素养、规范行为素养、自律及监督素养和公共参与素养六个层面分别建设一个示范基地，首批共6个"市级网络文明素养教育示范基地"。以正确的思想为引领，联动大中专院校、文化馆等公共机构和义工组织等民间组织，挖掘具有网络文明素养的"种子单位"，发挥其模范效应，探索全面提高网民网络文明素养的有效路径。

第二，采用"边建设、边总结、边推广"的原则，不断孵化新的网络文明素养教育实践基地，逐步拓宽教育实践基地覆盖范围，实现市、区、街道"N"个基地齐头并进，争取各基地各具特色，多维度强化网民的网络文明意识、态度和行为，逐步形成网络文明建设与文明城市建设同等重要的共识，编织网络文明建设的"社会网"。

第三，采用年度汇报及评优方式"以评促建"，激发各网络文明素养教育实践基地进一步开发潜能、创新网络文明素养教育内容和形式，发挥其主观能动性。鼓励各基地采用多元的线上线下渠道和丰富的活动内容形式，如发挥VR、AR、AI等新技术的优势传播红色文化、中华优秀传统文化；组织线上博物院、美术馆游览活动；通过虚拟偶像、网络直播等形式诠释网络文明内涵等。让教育实践基地的内容"可看、可听、可玩、可学"，让网络空间真正成为贴近网民、凝聚人心的重要空间。

第四，组织举办网络文明素养教育实践基地建设交流会、座谈会，针对网民网络素养中的薄弱环节，开展参与式、交流式、拓展式的创新活动，倡导网络文明素养建设单位不断更新教育内容和呈现形式，紧跟时代步伐和社会热点，直面网络空间中存在的问题，让网民能够真正从这些示范教育中深入理解网络文明的内涵，提升上网、用网效能，并汲取向上向善的力量，提高网络生活质量。

2. 提升青少年一代网民的网络文明素养，强化其网络文明建设的主体意识

本报告发现，青少年一代网民的网络文明素养整体略低于年长一代的网民。从网络思想素养来看，不同年龄阶段的差异化统计分析结果显示，在网络主流思想意识上，年龄在30~39岁的网民群体得分最高，为87.8分，得

分最低的年龄群体为 14~19 岁的网民群体，得分为 83.8 分。在网络爱国意识上，50 岁及以上的网民群体的得分最高，为 89.2 分，得分最低的是 14~19 岁的网民群体，得分为 87.4 分。在网络主权意识上，得分最高的是 30~39 岁的网民群体以及 40~49 岁的网民群体，得分为 90.6 分，得分最低的是 14~19 岁的网民群体（88.6 分）。从网络道德素养来看，关于网络诚信意识，40~49 岁（88.6 分）和 50 岁及以上（88.1 分）的深圳市网民具有相对较高的得分，14~19 岁（86.5 分）的网民得分相对较低。关于网络互助意识，30~39 岁（86.7 分）和 40~49 岁（86.5 分）的网民具有相对较高的得分，14~19 岁（83.9 分）的网民具有相对较低的得分。同样，在网络文化素养上，14~19 岁的深圳市网民的网络科学文化素养、网络红色文化素养、网络传统文化素养、网络媒介信息素养得分亦显著低于其他年龄段。

尽管青少年一代网民的网络文明素养得分本身不低，但与年长一代仍有距离，处于各年龄层的最低水平。青少年一代是国家的未来，也是网络空间的重要人群。采用政府、学校、家庭、社会相结合的方式进一步提升青少年一代网民的网络文明素养，强化其作为网络文明建设重要参与者及直接受益者的身份意识，势在必行。具体举措如下。

第一，强化青少年一代的历史感、责任感和使命感，采用"亲子教育"形式举办"听爸妈讲那过去的事情""一代人的变迁"等系列故事讲述活动，激发家庭教育的原始动力，强化代际文化传承，增强深圳年轻网民的历史意识。深圳市网民群体中的年长一代经历过改革开放，对中国社会发生的翻天覆地的变化，以及国家在经济社会发展上取得的巨大成就有更切身的感受，对中国共产党艰苦卓绝的奋斗历程、带领人们富强起来的奋斗精神，以及实现中华民族伟大复兴的使命有深刻的理解。从家庭出发，抵达社会和时代的变迁，可让青少年一代网民理解红色文化、主流思想的源泉所在，对社会的参与感也将随之提升。理想信念、价值涵养和情感归属的熏陶，可增强青少年一代网民的历史感、责任感和使命感，让青少年一代切实成为网络文明建设的重要参与者及直接受益者。

第二，开展"网络文明素养教育进校园"活动，积极寻找突破点，形塑青少年人群的上网群体规范。群体规范是指群体内的一套成员应该如何做的行为规范。青少年的网络使用群体规范是一种集体内逐步形成的同辈文化和行为指引。对今天的许多青少年来说，网络空间是他们学习、社交、娱乐的重要场所。"网络文明素养教育进校园"不应采取走过场形式的宣教，而应成为学校常规性工作的一部分；作为综合素质培养的一部分，学校开展网络文明素养教育亦是在发挥"全面育人"作用，使得每一个青少年在网络空间中都能健康成长。此外，一个学校的网络文明风气能影响学生的网络文明素养，因此以"校园"为单位，发挥青少年群体中的一些"意见领袖"的行为表率作用，形成向上向善的团体氛围，为他们健康上网保驾护航，对于网络文明建设能起到强心剂的作用。

第三，发挥深圳青少年作为"网络原住民"在网络内容生产、视频创作等方面具有较强动手能力的优势，鼓励青少年采用短视频、漫画及原创词曲等方式创作健康向上的内容，发挥同辈效应，引领和传递主流价值。举办"青少年网络文明素养短视频大赛"等类似活动，让青少年生产更多他们这一代人喜闻乐见的新媒体内容、传播"深得少年心"的作品，有效防止和应对网络诈骗、网络谣言、网络欺凌等。举办短视频内容征集活动有三重意义：一是以赛促学，青少年群体在内容生产过程中的主动学习能使他们对网络文明的内涵有更深入的理解；二是博采众长，让青少年"八仙过海，各显神通"，青少年一代有着丰富的内容创造力和表现力，他们的积极参与能丰富目前"以官方为主导、以主流媒体为主体"的网络文明动员结构；三是发扬"从群众中来，到群众中去"的精神，青少年群体生产的内容更符合该群体的品味和兴趣，对征集活动中的优秀作品进行"二次传播"，有望吸引更多的青少年参与网络文明建设。

3. 形成促进网络文明行动的有效机制，让网络文明意识有更好的落地空间

深圳市网民具有较高的网络文明意识，在道德层面对网络诚信、网络正义、网络互助有明确的信念。98.2%的网民对道德重要性有较好的认识，认为"在网络上讲道德和现实中一样重要"。随着互联网对人们生活的渗透，

人们认识到网络空间并不是一个"虚拟空间"，人们的道德意识会延伸到网络空间中。网民们对网络道德重要性有很强的认知，对个人的网络不诚信行为有愧疚感，94.7%的网民认为"如果自己在网络上违反了道德的基本原则，会为自己感到羞愧"。

同时，深圳市网民在网络文明互动上的得分为80.9分，总体水平较高。在网络人际交往中，网民认为自己在交流沟通中能考虑对方感受，避免伤害他人，网络人际交流沟通合意维度得分为82.5分；能认真倾听对方发言，网络人际交流倾听意识维度得分为80.9分；能设身处地为他人着想，并且关心和善待不幸的人，网络人际交流共情行为维度得分为79.9分。

但基于微博空间的大数据分析显示，亦有部分网民存在不文明表达行为。由此可见，网民在网络空间的现实行为表现与其所自述的网络文明意识之间尚存在一定的差距，需要政府、互联网平台和网民等共同努力，形成有效的机制，保障网络文明行为的实践。

第一，培育或支持注重理性表达的网络节目，加大力量形塑网络文化，培养网民的理性批判精神，纠正"我对你错"的偏私性思维和"恶意攻击他人"的陋习，避免单一化看问题，着重对理性表达能力和氛围的培养。对网络空间中情绪化表述过于强烈、制造群体对立以获取流量的行为进行一定的管控，开发更多具有理性色彩、促进人际间友好互动、群体间相互尊重的网络综艺类节目，引导网民多方位思考，看重事情的本质，不"图一时嘴爽"，在网络空间中留下难以磨灭的"语言垃圾"，造成对他人的心灵伤害。此外，不少网民对于在网络上攻击他人的行为缺乏后果感知，可通过一些"社会实验类"纪录片将网络空间发生的攻击场景在线下情境中进行演绎，让网民更直接地感受"网络喷子""杠精"等话语风格带来的杀伤力，警惕这种行为在网络空间中蔓延。

第二，加大对热门事件主要信息的梳理和整合力度，让网民在发表言论时多了解一些基本事实，并对舆论进行一定的引导，减少群体间极化和对立的情况。合理有效地呈现各方观点，有助于网民理性客观思考问题。此外，互联网平台在检测到网民进行不文明表达时，可设置相应提醒，提示网民考

虑周全一些，"三思而后言"，思考其不文明表达是否会让他人成为网络暴力的对象，提醒其不文明言论可能会对他人造成一定伤害。

第三，开展"网民捉虫"行动，发动网民志愿者对一些可能存在人身攻击的语言和表述进行标注。借助人工智能 AI 算法，缩小这类网络不文明用语的曝光范围；同时，提高一些有深度的、注重理性表达和良好互动的内容的曝光率，让正能量的声音得以放大。这一举措对于建设清朗网络空间具有直接效应。另外，网民通过参与"网民捉虫"行动，达到自我约束的效果，同时提升网络同理心。

第四，网民的理性表达、良性互动能力亦可以通过组织相应培训等方式进行提高，引导网民在针对热门事件发表负面评论时，多了解一些事实之后再发表看法；开展针对普通网民的"网络表达能力提升工作坊"，注重论据论点的提供和论证，注重推理和逻辑性表述，使网络空间表达有理有据，提高网民的表达能力和沟通能力。另外，提高网民与不同圈层人群的接触频率，建立良性接触的机会，改变一些群体对彼此的刻板印象，促进不同群体的多元尊重和相互理解。针对部分网民因自身压力大，将网络不文明表达作为情绪宣泄和压力释放渠道的情况，提供更多公共的线下相关运动、阅读、冥想、音乐疗愈等舒缓压力和调节情绪的方式，关注其心理问题，避免其长期采用网络谩骂、极端情绪表达等形式进行不良网络内容输出。采用线上线下相结合的方式，使网络文明行动真正落到实处。

4. 培育网民健康上网、科学用网行为，将网络文明素养建设行动常态化

随着互联网成为日常生活的基础设施，网络已经渗入深圳市网民的社交、工作、娱乐场景中。深圳市网民对互联网的依赖程度较高，人均每日上网时长为 5.86 小时，高于中国网民的人均每日上网时长 4.21 小时，深圳市网民在网络商务交易类和公共服务类应用上的使用频率均超过全国平均水平。在疫情背景下，在线办公、在线教育进一步常态化，网络已经成为人类生产和生活不可或缺的组成部分。然而过度的网络使用会影响网民的身心健康，造成强迫性上网、"错失恐惧"心理、人际社交障碍、学习工作表现下降等诸多问题。调研数据显示，30.3% 的网民认同"当减少或停止上网时，

会感到心神不安、郁闷或者易激怒"；60.3%的网民表示其"每次上网实际花费的时间都比计划的时间要长"。因此，网络依赖的问题不容忽视，网络文明建设在强调网络的赋能优势之外，亦应强调正确上网和合理用网的重要性。

青少年的网络依赖问题尤其需要重视。本次调查发现，深圳市 14~19 岁①的青少年网民日均上网时间为 6.39 小时，48.3% 的 14~19 岁青少年网民已经接触互联网 5~10 年（含 10 年）。青少年仍处于人生观和世界观形成的重要时期，然而网络信息质量参差不齐，青少年明辨是非的能力还未成熟，自制力不足，过度的网络使用可能妨害青少年的身心健康，甚至引发违反社会公德的行为和违法犯罪行为。

应对网民尤其是青少年的网络依赖问题，可以采取以下具体措施。

第一，健全家庭、学校和社会的联合教育机制，培养青少年群体正确用网习惯。2021 年 10 月，教育部办公厅等六部门联合发布《关于进一步加强预防中小学生沉迷网络游戏管理工作的通知》，部署了治理未成年人网络环境的相关工作。首先，引导家长做好家庭教育工作，关注青少年的社交需求，行使监督职责，发挥榜样力量。其次，开展"网络文明进校园"的活动，将网络文明素养教育纳入教育职责评价体系，搭建青少年网络文明素养课程体系，引导青少年形成正确的用网习惯。最后，严格监督管理企业在防沉迷制度上的执行情况，引导互联网企业加强行业自律，践行社会责任。网络游戏企业应致力于开发寓教于乐、导向正确的游戏产品，并根据法律法规要求落实实名制注册、充值限制，压缩给未成年人提供游戏服务的时间等。同时，应避免将网络妖魔化，避免将青少年和网络对立起来，家庭、学校和社会应在快速变化的数字环境中共同探寻引导青少年科学用网的路径。

第二，着力培养网民数字工作、数字学习能力，提升网络使用效能。健康上网、文明用网须发挥网民在网络文明中的自律作用，通过提升人们的用网自我知觉控制力来进行干预。提升网民使用网络的效能、增强网民

---

① 其中，调研主体为 18~19 岁网民。

用网过程中的主体性，也有助于避免网民长期沉迷于碎片化的信息，缓解网民因网络信息过载带来的焦虑心理。在具体措施上，可利用深圳市主流网络平台扩大现有网络数字资源的影响力，增强网络数字资源的共享性和互惠性；加大优质数字资源供给，搭建数字学习服务平台，如开设教育频道专区、数字学习专栏；定期开展数字资源使用系列培训，提升网民懂网和用网能力等。

第三，采用科学的方式对过度网络依赖进行预防和干预。网络文明素养提升呼吁网民注重网络使用时间与其他日常生活时间的平衡，应引导网民尽量避免因网络沉迷而减少其他休闲运动时间，或因熬夜上网而影响白天工作生活状态的做法。具体而言，可深入网格化的社区组织，对网络沉迷的现象进行预防和干预，打造实体宣教平台，定期组织社区活动、体育活动和集体活动等，提升网民的获得感和幸福感，构筑线上线下的"文明同心圆"。这种自律及健康的生活方式对于践行遵德守法、文明互动、理性表达等网络行为亦大有裨益，能引导全社会提升网络文明素养，净化网络环境。

5. 增强网络法律法规宣传普及力度，培养网民懂法、用法意识

网络法治工作是依法治国和网络强国建设中的重要内容。近年来，国家发布了一系列网络相关法律法规，推进社会治理从现实空间向网络空间延伸。调研发现，深圳市网民对诸多法律法规缺乏深入的认识和理解，有24.1%的深圳市网民表示不清楚中国针对网络空间管理出台的一系列法律法规，《网络安全法》等保障国家安全、维护社会公共利益的法律也尚未被广泛知晓。另外，一些网民应对网络诈骗、网络暴力的方式亦欠缺合理性，如有11.3%的网民表示若遭遇网络暴力会选择"隐忍，不做出任何回应"；13.7%的网民会选择"怒骂、责备网络暴力者"。对微博的大数据分析也显示，一些微博大V罔顾网络空间中的相关规定，利用大量不文明词语博取流量，个人隐私泄露、虚假广告宣传、算法滥用、流量造假等问题仍存在，网络生态治理仍面临重大挑战。因此，应进一步加强普法教育，着力提升网民法治意识。一方面，加强网民对网络空间中违法行为和违法成本的认知，强调"法律红线不可逾越"；另一方面，引导网民诉诸法律手段来维护自身

的网络权益。这对网络文明建设具有重要意义。

培养网民的懂法、用法意识，有如下具体措施。

第一，加大执法力度，开展针对网络违法犯罪行为的专项整治行动，发挥各部门的联动效应。2020年以来，最高人民检察院、公安部、工业和信息化部等多部门协同对网络诈骗犯罪进行治理，以最大力度深入推进打击工作，破获大量电信网络诈骗案件。严格的打防管控遏制了网络诈骗的高发态势，有效震慑了违法犯罪行为，提升了网民的获得感和幸福感，促进了网络空间规范有序发展。类似的专项整治行动也可转化为治网管网的长效机制。同时，可以鼓励媒体对相关整治行动进行报道，扩大司法公开范围，让人民群众在有关网络的司法案件中感受到公平正义。

第二，打造"网络法律法规讲师团"，聘请法律专业人士和司法工作者开展线下和线上的法律宣讲活动，深入互联网企业、校园和社区一线，对互联网相关法律法规进行常态化宣讲。同时，打造网络法治教育基地，拓展普法形式和路径，以人民群众喜闻乐见的形式开展普法教育，如利用以案释法、将普法融入社会实践、两微一端和短视频等多元媒介形式提升法治宣讲效果等。

第三，开展法律法规知识竞赛、演讲比赛和法律法规分享会等系列活动，推动网络法治教育深入开展，在全市营造学法、守法、用法的良好氛围。在常态化法治宣传之外，还可利用"网络安全宣传周"、宪法日等开展活动，增强普法教育的针对性和时效性，提升网民的参与感和主体意识。2021年12月，深圳市首次举办了网络安全法律法规知识竞赛，掀起了网络安全知识学习的热潮。类似的活动也有助于培养懂法、用法的好网民，助力风清气正网络空间的建设。

6. 加强网络公共参与渠道宣传，促进网民参与，形成多元一体的网络文明建设体系

互联网释放了巨大的公共参与潜力，公共参与亦是网络文明的重要面向。网络文明建设是一个庞大的政治和社会发展工程，各主体各司其职、相互配合，方能形成"共建共治共享"的新型格局。政府部门在发挥思想引领作用及提供政务服务等功能时，也应注重网民参与渠道的畅通性和便利性，鼓励网民踊跃参与政务、社会公益以及文明创建活动。调研发现，深圳市网民对深圳市民生诉求服务平台（"深圳12345热线"微信公众号）、广东政务服务网（粤省事App和微信小程序）、i深圳App和深圳政府在线网站知晓率较高，89.2%的网民能够"在网络上搜索自己需要的政务信息"，这说明深圳的数字政务渠道建设已初具成效。另外，网民在网络政治意见表达、公共事务参与、社会参与方面的素养还有待提升。

促进网民的公共参与，可以采取如下具体措施。

第一，加强对网络政务渠道的宣传推广，让更多深圳市网民知道这些便民网络政务渠道的存在，引导网民通过制度性渠道反映诉求。调研发现，相较于深圳市民生诉求服务平台和广东政务服务网，深圳市网民对人民网地方领导留言板和深圳市网络问政平台的知晓率较低。因此，可着力提升这些渠道的知晓率和使用率，提升数字政务的覆盖面。同时，应健全留言的采纳和反馈机制，打造更好的用户体验，充分吸收网民的建设性意见，真正做到"听民意、知民愿、聚众智"，以促进政府和网民良性互动、互相赋能，提升公共决策水平。

第二，发挥深圳市互联网数字高地优势，打造深圳市网络公益品牌和文明创建活动品牌，促进网民社会参与。深圳市网络文明创建活动具有良好的群众基础，网民参与热情高。近年来，由深圳互联网企业和机构发起的"99公益日""步步行善"等公益活动具有越来越大的影响力，"圳少年""圳青年""深圳好网民"等文明创建活动也取得了良好效果。因此，应充分发挥已有品牌的优势，形成规模效应和聚集效应，增强公益事业和文明创建活动的声量，吸引更多网民参与。

第三，理解网民参与公共事务的动机，通过正向激励、价值引领等方式助力公共参与，满足参与者的归属需要和自我实现需要。同时，鼓励形式新颖的网络公益活动，如"线上捐步""一元捐画"，形成共建共享、友爱互助的网络氛围，真正实现政府部门、平台机构、企业单位、社会组织和网民个体共同参与，打造多方共建的良好生态。

最后，为敦促深圳市网民更好地提升网络文明素养，助力清朗网络空间的建设，本报告针对性地提出十条网络文明素养提升倡议：

> 爱国守法，把握网络思想底线；
> 诚信互助，坚守网络道德自律；
> 培根铸魂，传承网络文化精髓；
> 自主学习，秉持网络科学精神；
> 适度用网，防范网络沉迷上瘾；
> 理性表达，尊重网络多元群体；
> 加强自律，抵制网络谣言暴力；
> 失范监督，维护网络清朗空间；
> 共建共享，参与网络公共生活；
> 向上向善，凝聚网络文明共识。

分 报 告
Topical Reports

B.2
2022年深圳市民网络思想素养调查报告

曹博林　戴苏徽　康婉莹*

摘　要： 网络思想素养是网络文明素养的基石和重要组成部分，主要包含网络主流思想意识、网络爱国意识、网络法治意识与网络主权意识四大维度。通过线上线下调研，本报告计算得出深圳市网民的网络思想素养总分为88.2分。其中，网络主流思想意识得分为86.8分，网络爱国意识得分为88.2分，网络法治意识得分为88.0分，网络主权意识得分为89.8分。深圳市网民的网络思想素养良好，对习近平新时代中国特色社会主义思想有较高的认知和认同，具有浓烈的网络爱国情怀，能够明确网络空间并非"法外之地"，具有"网络安全即是国家安全"意识。本报告认为良好的网民网络思想素养对筑高筑牢网络文明大厦有重要意义。

* 曹博林，深圳大学传播学院网络与新媒体系主任、副教授，研究方向为网络传播、网络社会与心理；戴苏徽，深圳大学传播学院硕士研究生，研究方向为网络传播、网络与社会；康婉莹，深圳大学传播学院硕士研究生，研究方向为网络传播、健康传播。

关键词： 网络思想 主流思想 爱国意识 法治意识 主权意识

网络思想素养是网络文明素养的基石和重要组成部分，指网民在习近平新时代中国特色社会主义思想的引领下，在网络实践过程中逐步形成的符合社会主义核心价值观的思想认知、观念态度和价值取向，包括网络主流思想意识、网络爱国意识、网络法治意识与网络主权意识。其中，爱国与法治是公民的基本价值准则；网络主权意识是网络时代维护国家安全必不可少的精神力量；网络主流思想即习近平新时代中国特色社会主义思想，是网络强国建设的根本遵循，是理解和把握党的指导思想和马克思主义创新理论、加强网络文明建设的思想基础（见图1）。

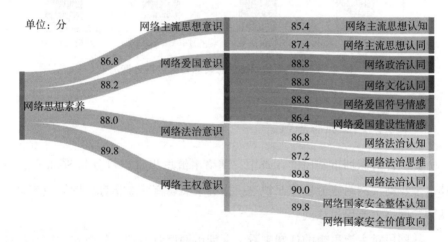

图1 深圳市网民网络思想素养指标体系

一 深圳市民网络思想素养水平

深圳市民网络思想素养总体得分为88.2分。这一指标共包含四个维度，分别是网络主流思想意识（86.8分）、网络爱国意识（88.2分）、网络法治意识（88.0分）与网络主权意识（89.8分）（见图2）。整体而言，各维度得分较高，说明深圳市网民具有较高的网络思想素养，即在认知、态度和日常的网络实践层面，都较为贴合社会主义核心价值观的要求，能够较好地践行中国特色社会主义思想。

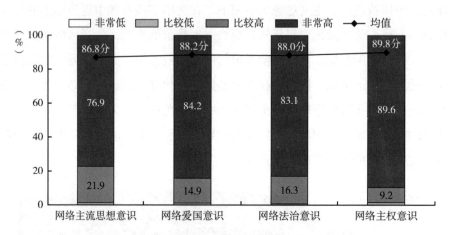

图2　深圳市网民网络思想素养各维度得分情况①

（一）网络主流思想意识

此次针对深圳市网民的调查中，网络主流思想意识得分为86.8分，总体水平较高。网络主流思想意识这一指标下又设有两个指标：网络主流思想认知与网络主流思想认同。

从网民对主流思想的认知来看，深圳市网民对习近平新时代中国特色社会主义思想的学习自觉性以及对党政发展的关注度较高，88.5%的网民"在网络上（如通过学习强国、党政新媒体等）学习习近平新时代中国特色社会主义思想"，也有88%的网民会"在网络上关注有关党政发展的新闻资讯，如中国共产党第二十次全国代表大会"。在主流思想认同层面，网民对

---

①　本章节网络思想素养各图表中，得分占比少于1%的部分未在图中标识，因而各部分占比总值可能略低于100%。

当下的网络空间治理与秩序建设路径有较高程度的认可。89.1%的网民表示"乐于在网络上了解党在革命、建设、改革各个历史时期取得的成就"，85.5%的网民认为"当下网络空间中的内容符合习近平新时代中国特色社会主义思想"，86.4%的网民认为"近年的网络治理政策适合中国网络生态发展的实际"，94.1%的网民认为"坚持营造风清气正的网络空间，依法管网治网，建设良好网络生态具有重要意义"，也有94.2%的网民认为"网络空间同现实社会一样，既要提倡自由，也要保持秩序"，92%的网民赞同"网络空间治理应该把握正确的政治方向、舆论导向、价值取向"。

（二）网络爱国意识

网络爱国意识集中体现在网民对国家的认同感和对国家的责任感上，涵盖网民对国家的政治、文化认同，以及健康的、建设性的爱国情感。深圳市网民的网络爱国意识总体得分为88.2分，整体而言得分较高，说明深圳市网民对国家的认同感较高，且拥有较强的国家建设意识与责任感。该指标主要包含四个细分维度：网络政治认同、网络文化认同、网络爱国符号情感与网络爱国建设性情感。前三个指标得分均为88.8分，网络爱国建设性情感得分为86.4分（见图3）。

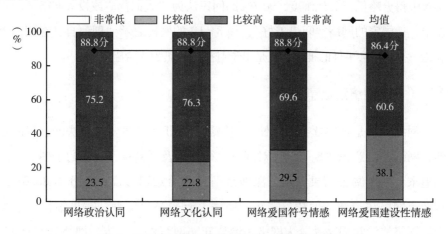

图3　深圳市网民网络爱国意识各维度得分情况

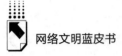
网络政治认同指的是网民在网络中表现出的对国家政治领域的认同感。有90.5%的网民会"在网络上关于国内外政治事件的探讨中，表达对我们国家的支持"；91%的网民表示"不管在网络空间中面临何种问题，都会相信国家可以妥善解决"；92.5%的网民对中国人的身份有较强的认同感，"在网络发言中谈论到'中国人'时，会更多说'我们'，而不是'他们'"。

网络文化认同指的是网民在网络行为实践中所体现出的对国家历史、文艺、体育等领域的认同感、自豪感。其中，87.2%的网民会"在网络上主动了解、传播或发布有关我国优秀文化、自然风光等主题的内容"；92.9%的网民认为"通过网络学习和了解关于中国的历史和文化对每个中国人来说都很有必要"；93.5%的网民表示"在网络上看到中国的运动员取得奖牌时会觉得很自豪"。

网络爱国符号情感即对国家象征的情感，92.3%的网民表示，"在网络视听作品中听到国歌时，会有激动的感觉"，90.4%的网民在"国庆节当天很多人都在社交账号头像上加挂国旗，我觉得这种爱国氛围很好"这一选项中选择了"比较同意"或"非常同意"。

网络爱国建设性情感描述的是一种对国家的积极情感归属，指在表达对国家的自豪和热爱的同时，能提出对国家发展有益的建议。这一指标在本次调查中得分略低于其他维度，90.6%的网民认为"人们都应该投入网络环境建设中，让国家的网络空间更美好"，而84.1%的网民表示"即便自己在网络上表达一些对社会事件的批评，也是出于对祖国的热爱，希望她更好"。

（三）网络法治意识

网络社会是现实社会的延伸，网络法治意识也是现实社会法治意识的延伸，网络法治意识体现了网民对网络法律规范及其精神、价值的了解、认同和追求。本次调查结果显示，深圳市网民法治意识较高，得分为88.0分，深圳市网民在遵法、信法、守法、用法上有较高自觉性。在更细化的考察中，网络法治意识又被分为网络法治认知、网络法治思维、网络法治认同，得分分别为86.8分、87.2分、89.8分（见图4）。

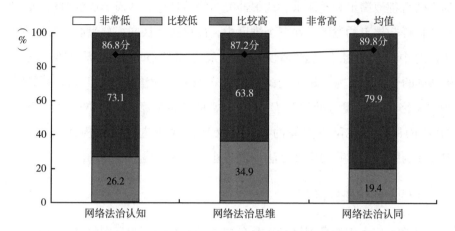

图4　深圳市网民网络法治意识各维度得分情况

　　在对网络法治认知的考察中，本次调研主要关注公民对法治本身、法治与其他社会政治现象之间关系的感知与理解。结果显示，90.5%的网民"清楚地知道自己在网络空间中的权利与义务"，在问及详细网络法规细节时，93.3%的网民知道"自然人的姓名、出生日期、身份证件号码、生物识别信息、住址、电话号码等信息都受到《中华人民共和国网络安全法》的保护"，95.9%的网民知晓"散布谣言，制作、复制或发布扰乱经济秩序和社会秩序的信息内容是违法的"。不过，在网络空间管理方面，网民的认知相对较低，仍有24.1%的网民不清楚我国针对网络空间管理出台的一系列法律法规。

　　法治思维是指公民运用法治观念、逻辑、原则和规范对社会问题进行审视、分析、推理，形成判断和做出决定的思想活动过程。整体而言，深圳市民的网络法治思维能力较强，91.9%的网民认为"在网络上发现有危害国家利益的人和事，应该向有关部门举报"，86.5%的网民认为"自己能够通过法律途径维护在网络空间中的合法权益"。可见，对深圳市民来说，比起向有关部门反映或举报不良行为，运用法律手段维护自己在网络中的个人权益的意识相对较低。

　　法治认同指公民由于法治顺应公平、正义、民主、自由等价值期待，能

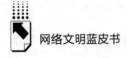

够有效合理地满足利益需求、调解冲突与维持秩序，从而形成的对法治的认可、信任与捍卫的意愿。在三个维度中，网络法治认同得分最高，说明深圳市民对中国法治社会的治理现状与发展方向持有较高的认同感。其中，94.9%的受访者认为"每个网民都应遵守网络法律法规"，94.7%的网民认为"网络法律法规是维护我们安全上网的重要保障"，90.5%的网民认可"作为网民应该在网络空间的社会主义法治建设进程中积极建言献策"，91.3%的网民"对我国实施依法治国、建设清朗网络空间充满信心"。

（四）网络主权意识

网络主权意识衡量网民是否具备成熟的网络安全观，即是否能正确认识国家安全形势，了解网民维护国家网络信息安全的责任和义务。这一指标整体得分为89.8分，反映出深圳市网民有较高的关心国家发展、维护国家安全的意识。网络主权意识主要从两个维度进行测量，网络国家安全整体认知与网络国家安全价值取向，前一指标得分为90.0分，后一指标得分为89.8分（见图5）。

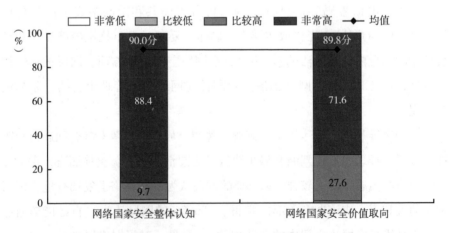

图 5　深圳市网民网络主权意识各维度得分情况

网络国家安全整体认知指网民对网络中国家宏观安全形势的判断、对国家网络安全内涵的理解以及对国家网络安全重要性的认知。其中，92.3%的网民认可"在信息时代，网络安全牵一发而动全身，与国家安全及许多其他方面的安全有着密切关系"的说法，86.2%的网民能认识到"没有网络安全，就没有国家安全"。除此之外，大部分网民也能够认识到"利用互联网煽动颠覆国家政权，推翻社会主义制度"（95.5%）、"利用互联网煽动分裂国家，破坏国家统一"（96.3%）、"通过互联网窃取、泄露国家秘密、情报或者军事秘密"（96.7%）以及"利用互联网组织邪教组织、联络邪教组织成员"（97.1%）都会对国家安全构成威胁。

网络国家安全价值取向主要指的是网民对国家网络安全的忧患意识和责任意识。在本次调查中，93.7%的网民表示自己"有责任和义务维护国家网络信息安全"，92.1%的网民表示"如果发现有人利用互联网威胁到国家信息安全，会及时向国家安全机关或者公安机关报告"。

二 深圳市民网络思想素养差异性分析

（一）网络思想素养的性别差异

独立样本 t 检验结果表明，男性与女性之间的网络主流思想意识存在显著差异（t=2.804，p<0.01），男性得分略高于女性，为 87.3 分，而女性得分为 86.3 分。在其余维度中，性别差异不显著（见表1、图6）。

表1 网络思想素养的性别差异检验（T-test）

性别	网络主流思想意识		网络爱国意识		网络法治意识		网络主权意识	
	均值	标准差	均值	标准差	均值	标准差	均值	标准差
男	87.3	9.4	88.4	8.7	88.2	8.2	90.0	8.7
女	86.3	9.6	88.2	8.7	87.9	8.3	89.9	8.5
t	2.804**		0.761		0.862		0.330	

注：** p<0.01。

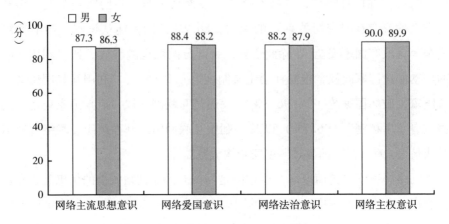

图6　深圳市网民网络思想素养的性别差异

（二）网络思想素养的年龄差异

单因素方差分析（ANOVA）显示，不同年龄阶段的网民群体在网络主流思想意识（$F = 7.906$，$p < 0.001$）、网络爱国意识（$F = 4.547$，$p < 0.01$）和网络主权意识（$F = 4.260$，$p < 0.01$）三个维度上的得分有显著差异，而在网络法治意识上则无显著差异（$F = 1.057$，$p > 0.05$）（见表2、图7）。

表2　网络思想素养的年龄差异检验（ANOVA）

年龄	网络主流思想意识		网络爱国意识		网络法治意识		网络主权意识	
	均值	标准差	均值	标准差	均值	标准差	均值	标准差
14~19 岁	83.8	12.6	87.4	10.0	88.1	9.8	88.6	10.2
20~29 岁	86.4	9.8	87.6	9.4	87.7	8.7	89.4	9.0
30~39 岁	87.8	8.2	88.8	7.8	88.4	7.4	90.6	7.4
40~49 岁	87.4	9.8	89.0	8.4	88.2	8.4	90.6	8.6
50 岁及以上	87.4	8.0	89.2	7.8	88.5	7.4	89.8	8.8
F	7.906 ***		4.547 **		1.057		4.260 **	

注：** $p < 0.01$，*** $p < 0.001$。

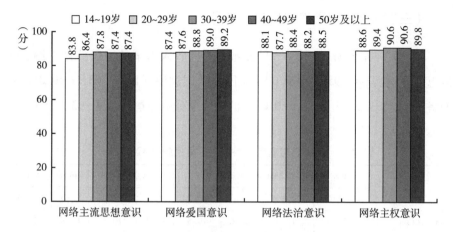

图7 深圳市网民网络思想素养的年龄差异

年龄在30~39岁的网民群体的网络主流思想意识得分最高，为87.8分，得分最低的为14~19岁的网民群体，得分为83.8分，20~29岁的网民群体得分为86.4分，40~49岁的网民群体以及50岁及以上的网民群体得分均为87.4分。深圳市网民的网络主流思想意识整体较高；相对而言，年龄较小的群体在这一考察维度上得分稍低于年龄较大的群体。

在网络爱国意识上，得分按照从高到低排列，依次为50岁及以上网民群体（89.2分）、40~49岁网民群体（89.0分）、30~39岁网民群体（88.8分）、20~29岁网民群体（87.6分）、14~19岁网民群体（87.4分）。各年龄段网民的网络爱国意识得分都很高，年龄越大的深圳市网民，爱国意识越强。

网络主权意识得分最高的是30~39岁网民群体和40~49岁网民群体，两者均为90.6分。其余年龄段按照得分从高到低依次排列为50岁及以上网民群体（89.8分）、20~29岁网民群体（89.4分）、14~19岁网民群体（88.6分）。

总体而言，各年龄阶段网民的网络思想素养都处于较高水平，年龄较大的网民表现出更高的网络主流思想意识水平、网络爱国意识水平与网络主权意识水平。

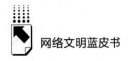
（三）网络思想素养的月收入差异

单因素方差分析（ANOVA）显示，不同收入水平的网民群体在网络主流思想意识（F=4.956，p<0.001）、网络爱国意识（F=2.363，p<0.01）和网络主权意识（F=4.163，p<0.01）的得分上有显著差异（见表3、图8）。

表3 网络思想素养的月收入差异检验（ANOVA）

月收入	网络主流思想意识		网络爱国意识		网络法治意识		网络主权意识	
	均值	标准差	均值	标准差	均值	标准差	均值	标准差
3000 元以下	84.6	12.6	86.6	10.8	87.1	10.3	87.8	11.2
3000~5999 元	86.2	10.8	88.2	9.6	88.0	9.0	89.0	9.6
6000~9999 元	87.2	8.4	88.6	8.2	88.2	7.9	90.8	7.8
10000~14999 元	87.8	8.2	88.8	7.6	88.5	7.3	90.2	7.8
15000~19999 元	87.6	7.2	88.4	6.8	88.2	6.2	90.6	6.8
20000 元及以上	87.4	9.6	88.2	9.4	87.9	9.1	90.6	9.0
F	4.956 ***		2.363 **		1.14		4.163 **	

注：** p<0.01，*** p<0.001。

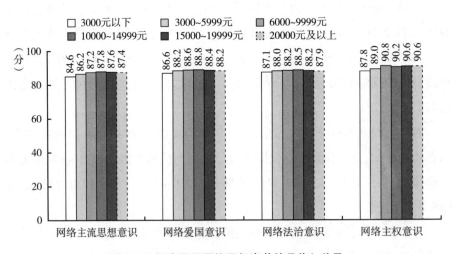

图8 深圳市网民网络思想素养的月收入差异

在网络主流思想意识上，月收入10000～14999元的网民群体得分最高，各群体在这一维度中的得分由高到低排序依次为月收入10000～14999元的网民群体（87.8分）、15000～19999元的网民群体（87.6分）、20000元及以上的网民群体（87.4分）、6000～9999元的网民群体（87.2分）、3000～5999元的网民群体（86.2分）、3000元以下的网民群体（84.6分），最高得分与最低得分相差3.2分，整体差异较小。

在本次调查中，月收入10000～14999元的网民群体也在网络爱国意识维度上得分最高，为88.8分；月收入为6000～9999元的网民群体次之，得分为88.6分；月收入在15000～19999元的网民群体得分为88.4分；月收入在20000元及以上的网民群体与月收入在3000～5999元的网民群体得分相同，均为88.2分；在这一维度上得分最低的是月收入3000元以下的网民群体，但也有86.6分，与最高分相差不大。

在网络主权意识上，月收入为6000～9999元的网民群体得分最高，为90.8分；月收入为15000～19999元与20000元及以上的网民群体次之，两者得分均为90.6分；其余收入群体在此维度上的得分从高到低依次为月收入10000～14999元网民群体（90.2分）、3000～5999元网民群体（89.0分）、3000元以下网民群体（87.8分），最高分与最低分相差3.0分。

（四）网络思想素养的受教育程度差异

不同受教育程度的网民在网络主流思想意识（$F=3.465$，$p<0.01$）、网络爱国意识（$F=2.623$，$p<0.05$）与网络主权意识（$F=4.911$，$p<0.001$）上表现出明显差异（见表4、图9）。

在网络主流思想意识、网络爱国意识与网络主权意识三个维度的测量中，得分最高的群体均为本科学历群体，得分依次为87.2分、88.6分、90.4分，而得分最低的群体都是初中及以下学历者，得分依次为83.8分、84.6分、85.4分。

在网络主流思想意识上，大专与研究生及以上学历群体得分稍低于本科学历群体，两者均为87.0分，高中/中专学历群体得分为85.4分；在网络爱

表4　网络思想素养的受教育程度差异检验（ANOVA）

受教育程度	网络主流思想意识		网络爱国意识		网络法治意识		网络主权意识	
	均值	标准差	均值	标准差	均值	标准差	均值	标准差
初中及以下	83.8	13.2	84.6	14.8	86.8	11.6	85.4	14.0
高中/中专	85.4	11.0	88.2	8.8	87.9	8.8	89.0	9.8
大专	87.0	10.2	88.2	9.6	87.8	9.5	90.0	9.4
本科	87.2	8.6	88.6	8.0	88.4	7.5	90.4	7.6
研究生及以上	87.0	9.0	87.4	8.6	87.3	8.5	89.4	8.8
F	3.465 **		2.623 **		1.632		4.911 ***	

注：** $p<0.01$，*** $p<0.001$。

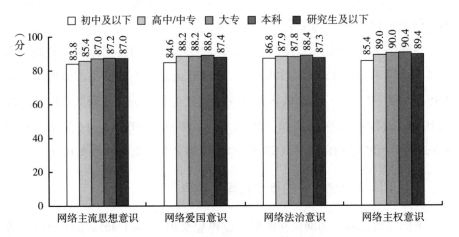

图9　深圳市网民网络思想素养的受教育程度差异

国意识上，高中/中专学历与大专学历群体得分均为 88.2 分，研究生及以上
学历群体得分为 87.4 分；在网络主权意识上，大专学历群体得分为 90.0
分，研究生及以上学历群体得分为 89.4 分，高中/中专学历群体得分为
89.0 分。

（五）网络思想素养的触网年限差异

深圳市网民的网络主流思想意识（F=3.626，p<0.05）、网络爱国意识（F=8.141，p<0.01）和网络主权意识（F=19.366，p<0.001）在触网年限上存在显著差异，网络法治意识（F=2.057，p>0.05）在触网年限上不存在显著差异（见表5、图10）。

表5　网络思想素养的触网年限差异检验（ANOVA）

触网年限	网络主流思想意识		网络爱国意识		网络法治意识		网络主权意识	
	均值	标准差	均值	标准差	均值	标准差	均值	标准差
5年以内（含5年）	85.3	13.0	86.4	11.8	87.2	11.0	87.1	12.1
5~10年（含10年）	87.0	8.8	88.2	8.1	88.1	7.7	89.9	8.0
10~15年（含15年）	87.0	8.2	88.8	7.7	88.2	7.4	90.8	7.5
15年以上	87.8	9.3	89.6	7.9	88.8	7.9	91.8	7.1
F	3.626*		8.141**		2.057		19.366***	

注：* p<0.05，** p<0.01，*** p<0.001。

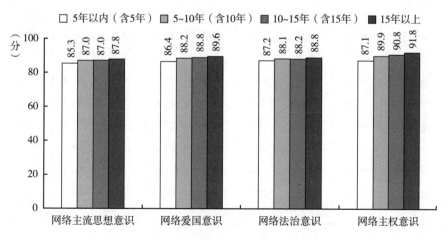

图10　深圳市网民网络思想素养的触网年限差异

在网络主流思想意识、网络爱国意识与网络主权意识这三个维度上，得分最高的都是触网年限在15年以上的网民，分别为87.8分、89.6分、91.8分；而触网年限在5年以内（含5年）的网民得分最低，分别为85.3分、86.4分、87.1分，在组间比较中，这一群体的得分也与其他组有显著差异（p<0.01）。从比较结果来看，触网年限更长的人具有更高的网络主流思想意识、网络爱国意识和网络主权意识。而在网络法治意识上，各组间并没有表现出显著的差异，不管是触网时间长还是触网时间短的网民，其对网络空间的法治认知和认同都相对较高。

（六）网络思想素养的地区差异

深圳市网民的网络主权意识在地区上有显著差异（F = 2.103，p < 0.05），而网络主流思想意识（F = 1.996，p > 0.05）、网络爱国意识（F = 1.982，p > 0.05）与网络法治意识（F = 1.578，p > 0.05）则无明显差异（见表6、图11）。

表6　网络思想素养的地区差异检验（ANOVA）

地　区	网络主流思想意识		网络爱国意识		网络法治意识		网络主权意识	
	均值	标准差	均值	标准差	均值	标准差	均值	标准差
宝安区	86.3	9.9	87.9	8.9	87.9	8.3	89.3	9.1
福田区	87.8	9.7	89.3	8.2	88.5	8.2	90.9	8.2
光明区	87.0	8.0	88.5	7.6	87.7	6.9	89.4	7.3
龙岗区	87.4	8.9	88.7	8.4	88.8	8.1	90.3	8.8
龙华区	86.7	9.2	88.4	9.0	87.8	8.8	90.4	8.5
罗湖区	85.2	12.9	86.9	11.3	87.2	10.5	89.0	11.1
南山区	86.7	8.7	87.6	8.5	87.6	7.6	89.9	7.7
其他区	87.9	7.8	89.2	6.8	88.7	6.4	90.9	6.3
F	1.996		1.982		1.578		2.103*	

注：＊p<0.05。

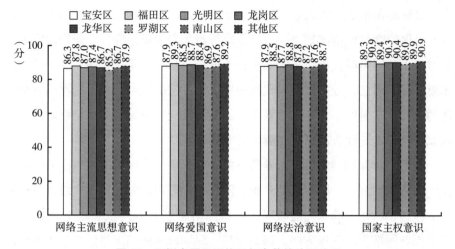

图11 深圳市网民网络思想素养的地区差异

在网络主权意识上，各地区按照得分从高到低排列依次为福田区（90.9分）、龙华区（90.4分）、龙岗区（90.3分）、南山区（89.9分）、光明区（89.4分）、宝安区（89.3分）、罗湖区（89.0分）。而在其余三个维度上，深圳市各区之间没有显著差异，这说明深圳各区市民的网络主流思想意识、网络爱国意识、网络法治意识水平相当，在网络中所体现出的对主流思想、国家建设的认知与认同、对法律的理解与运用都保持在较高水平。

三 分析与总结

加强网络文明建设的首要举措是加强网络空间思想引领，而深圳市民网络思想素养评估对于明确网络空间思想引领的方向具有重要意义。习近平总书记在网络空间治理相关讲话中提出，社会主义核心价值观是文化软实力的灵魂、文化软实力建设的重点。[1] 加强网络空间思想引领意味着继续推进社

---

① 江西省中国特色社会主义理论体系研究中心：《核心价值观是文化软实力的灵魂》，《经济日报》2014年9月16日。

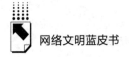

会主义核心价值观深入人心。社会主义核心价值观中的法治与爱国分别是社会和公民层面的价值准则之一，是国家长治久安的思想保证，而国家网络主权意识也是网络时代维护国家安全必不可少的精神力量，是国家安全链中的重要一环。因此，分析网络时代网民对主流思想的认同、对国家网络安全问题的认知及其爱国情怀与法治素养，并采取相应的引导对策，是新时代维护国家安全稳定，促进网络生态健康的重要课题。

课题组对深圳网络思想素养部分的考察着重关注网民的网络主流思想意识、网络爱国意识、网络法治意识、网络主权意识，并对这几个维度进行系统的梳理，以便后续研究能够深入解析网络思想素养现状并"对症下药"，努力创新网络生态管理方法。调查发现，深圳市网民的思想素养总体得分较高，各维度分值也处于较高水平，这说明在习近平新时代中国特色社会主义思想的引领下，深圳市网民已逐步形成了符合社会主义核心价值观的思想认知、观念态度和价值取向，在日常的网络行为实践中，能表达出对国家、对主流思想等较高的认知与认同，也能够运用法律手段分析和解决实际问题，积极维护网络秩序与国家安全。

尽管从整体层面看，深圳市网民各维度表现都很好，但是在不同特征群体中，仍然存在些许差异。在不同年龄段的比较中，年龄较大的网民表现出更高的网络主流思想意识水平、网络爱国意识水平与网络主权意识水平。年龄较大的网民或许对新概念、新思维的接纳较滞后，但他们的爱国情怀、国家认同更浓。月收入10000~14999元的网民群体在网络主流思想意识、网络爱国意识维度上得分最高，月收入为6000~9999元的网民群体在网络主权意识上得分最高，整体而言各维度表现较好的都是收入处于中间水平的网民群体。从学历层面来看，在网络主流思想意识、网络爱国意识与网络主权意识三个维度的测量中，素养最高的群体均为本科学历群体。从触网年限来看，触网年限更长的网民群体拥有更高的网络主流思想意识水平、网络爱国意识水平与网络主权意识水平。而不同地区间的差异较小，除了网络主权意识，其余维度各地区之间水平无显著差异。

在网络时代，以经济全球化为核心的全球化浪潮依托网络技术席卷全球，强力冲击着国家主权、经济和文化疆界，致使"网络个人主义"盛行。公民的爱国意识和法治意识都面临被冲击的风险，尤其是尚未形成坚定价值观的青少年群体，他们是国家未来建设的主力军，因此对这一群体的思想教育也显得尤为必要。尽管深圳市民网络思想素养水平较高，但依旧存在提升的空间，未来教育可关注网民的主流思想意识提高与爱国意识提高，提升公民对国家网络安全、网络法律法规的基本认知。

B.3
2022年深圳市民网络道德素养调查报告

姚文利　黄诗怡　程　昀*

摘　要： 网络道德素养是网络文明素养的重要组成部分，是网民在网络世界的立身之本，主要包含网络基本道德意识、网络诚信意识、网络正义意识和网络互助意识四个维度。通过线上线下调研，本报告计算得出深圳市民的网络道德素养平均得分为86.0分。其中，网络基本道德意识得分为83.9分，网络诚信意识得分为87.4分，网络正义意识得分为86.8分，网络互助意识得分为85.8分。深圳市网民整体的网络道德意识较高，具有良好的网络道德素养，能够在网络上恪守诚信、正义、互助原则，并以该原则来规范自身行为。网络空间道德建设需要网民认识到自身在网络上承担的道德责任，树立正确的网络道德观念，并付诸更多的道德实践。

关键词： 网络基本道德意识　网络诚信意识　网络正义意识　网络互助意识

网络道德素养是以朴素道德情感为基础，以公共道德标准为参照，通过网络舆论、价值判断和思维惯式来评价网民行为及指导自我网络实践的行为规范。本报告中的网民网络道德素养包括网络基本道德意识、网络诚信意识、网络正义意识，以及网络互助意识（见图1）。

---

* 姚文利，中共深圳市委网信办网络传播处副处长、二级调研员，研究方向为网络传播、网络文明、网络社会工作；黄诗怡，深圳大学传播学院硕士研究生，研究方向为网络新媒体、健康传播；程昀，深圳大学传播学院硕士研究生，研究方向为网络新媒体、健康传播。

单位：分

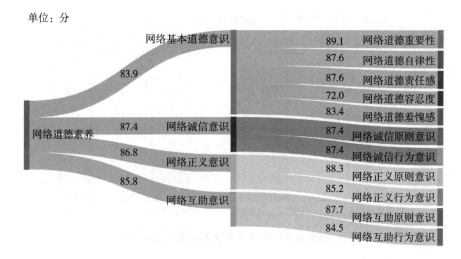

图1 深圳市民网络道德素养指标体系

一 深圳市民网络道德素养

深圳市民的网络道德素养总体得分为86.0分。其中，网络基本道德意识得分为83.9分，网络诚信意识得分为87.4分，网络正义意识得分为86.8分，网络互助意识得分为85.8分（见图2）。深圳市网民有较高的网络道德素养，具体体现在92.9%的网民有较高的网络基本道德意识，98.5%的网民有较高的网络诚信意识，99.3%的网民有较高的网络正义意识，99.0%的网民有较高的网络互助意识。

（一）网络基本道德意识

网络基本道德意识包括五个细分维度，分别是网络道德重要性、网络道德自律性、网络道德责任感、网络道德容忍度和网络道德羞愧感。网络道德重要性是指网民对网络道德重要性的认识，将网络道德和现实道德赋予同样重要的地位；网络道德自律性是指即使网络存在匿名性，网民也会坚守网络

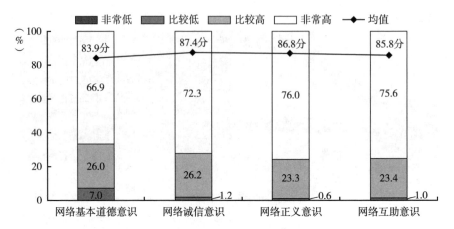

图2　深圳市网民网络道德素养各维度得分情况①

道德规范的决心；网络道德责任感是指网民需要承担自身网络行为后果的责任意识；网络道德容忍度是指相较于现实，网民对于网络上的不道德行为的忍受程度；网络道德羞愧感是指网民意识到自身违反网络道德规范时所产生的羞愧感。

网络基本道德意识得分均值为83.9分（见图2），整体而言得分较高。在网络道德重要性这一方面，总体得分均值为89.1分（见图3）。其中有98.2%的网民对网络道德重要性有较高的认识，认为"在网络上讲道德和现实中一样重要"。在网络道德自律性这一方面，总体得分均值为87.6分（见图3），其中90.5%的网民对网络道德自律性有较高的认识，认为"即使网络上的人不知道自己的身份，也不可以不讲道德"。在网络道德责任感这一方面，总体得分均值为87.6分（见图3），其中90.7%的网民对网络道德责任感有较高的认识，认为"自己需要对自己在网络上的不道德行为负责"。在网络道德容忍度这一方面，总体得分均值为72.0分（见图3），其中80.9%的网民对网络道德容忍度有较高的认识，认为"相比于现实，自

① 本章节网络道德素养各图表中，得分占比少于1%的部分未在图中标识，因而各部分占比总值可能略低于100%。

己对于网络上的不道德行为的容忍度并不会更高"。在网络道德羞愧感这一方面，总体得分均值为83.4分（见图3），其中94.7%的网民对网络道德羞愧感有较高的认识，认为"如果自己在网络上违反了道德的基本原则，自己会为自己感到羞愧"。总体来看，深圳市网民对于网络基本道德意识的各细分维度都持认同态度，并有较高水平的理解和实践。

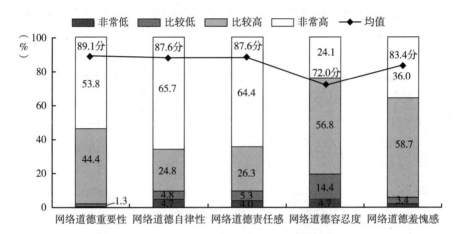

图3　深圳市网民网络基本道德意识各维度得分情况

（二）网络诚信意识

网络诚信意识是指网络行为主体诚实守信、言行一致、不发布虚假信息、不侵犯其他网络主体的权利、不利用网络作为工具从事一切不诚信行为的意识。网络诚信意识具体可分为网络诚信原则意识与网络诚信行为意识，网络诚信原则意识是指网民在网络上坚守诚信原则的信念，网络诚信行为意识是指网民对于网络失信行为的认识。

在本次调查中，深圳市网民在网络诚信意识上的得分均值为87.4分（见图2），总体得分较高。在网络诚信原则意识这一方面，总体得分均值为87.4分（见图4），其中98.5%的网民有较高的网络诚信原则意识，认为"在网络上保持诚信，是自己在任何时候都会坚守的原则""在网络上违背诚信原则的行为是令人摒弃的"。在网络诚信行为意识这一方面，总体得分均值为87.4分（见图4），其中98.5%的网民有较高的网络诚信行为意识，认为"在网络上恶意刷单、恶意差评、买真货退假货等行为是不能容忍的""如果在网络上没有责任意识，做出一些虚假宣传、发布虚假广告之类的举动，那么无论赚多少钱，都是失败的"。总体来看，大部分网民都能够意识到诚信原则在网络中的重要性，且能够坚守这一原则。

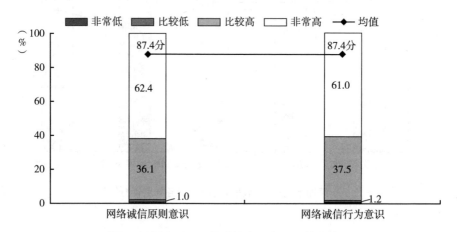

图4 深圳市网民网络诚信意识各维度得分情况

（三）网络正义意识

网络正义意识是指网民对人们在网络上应当享有平等的权利、资源和义务，网络上结构性的社会不平等应该最小化，社会应该努力赋予弱势群体以价值感和信念的认知。网络正义意识具体可分为网络正义原则意识与网络正义行为意识，网络正义原则意识是指网民在网络上坚守正义原则的信念，网络正义行为意识是指网民对于网络正义行为的感知与实践意愿。

在本次调查中，深圳市网民在网络正义意识上的得分为86.8分（见图2），总体得分较高。在网络正义原则意识这一方面，总体得分均值为88.3分（见图5），其中74.5%的网民有非常高的网络正义原则意识、25.0%的网民有比较高的网络正义原则意识，认为"在网络上，为社会正义而做出行动是重要的""在网络上，尊重人们多样化的社会身份（如性别、民族、地域等）是重要的""在网络上，支持和声援弱势群体是重要的""在网络上，为促进公平、公正地分配权利、义务和资源做出努力是重要的"。在网络正义行为意识这一方面，总体得分均值为85.2分（见图5），其中64.0%的网民有非常高的网络正义行为意识、34.5%的网民有比较高的网络正义行为意识，认为"当看到网络欺凌等不道德事件发生时，应该站出来阻止肇事者""当看到网络欺凌等不道德事件发生时，应该支持和安慰受害者""如果支持和声援了弱势群体，会为自己感到骄傲""如果目睹了网络欺凌事件，却无动于衷，会为自己感到羞愧"。总体来看，大部分网民都具有在网络上维护社会正义的意识，并期待付诸实践。

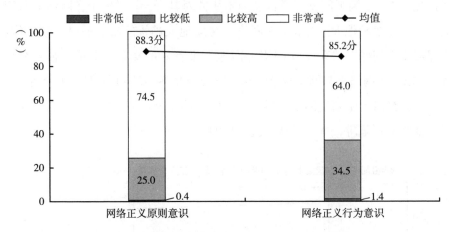

图5　深圳市网民网络正义意识各维度得分情况

（四）网络互助意识

网络互助意识是指网民出于利他心理，在网络上实施使他人受益的行为的意愿，例如帮助他人、安慰他人、分享经验和与他人合作等。网络互助意识具体可分为网络互助原则意识与网络互助行为意识，网络互助原则意识是指网民在网络上秉持互助原则的信念，网络互助行为意识是指网民对于网络互助行为的实践意愿。

本次调查中，深圳市网民在网络互助意识上的得分均值为85.8分（见图2），总体得分较高。在网络互助原则意识这一方面，总体得分均值为87.7分（见图6），其中72.0%的网民有非常高的网络互助原则意识、27.5%的网民有比较高的网络互助原则意识，认为"在网络上，主动、自愿帮助别人是重要的""在网络上，形成互帮互助的氛围是重要的""在网络上提醒他人警惕某些诈骗、引诱等不良信息是重要的""告诉网友们一些网络陷阱，提醒他人防范是重要的"。在网络互助行为意识这一方面，总体得分均值为84.5分（见图6），其中65.6%的网民有非常高的网络互助行为意识、32.5%的网民有比较高的网络互助行为意识，认为自己"乐于对网友表示祝福""乐于倾听网友诉说自己的不快并对其开导""乐于在网络上写积极的内容以激励他人""乐于在网络上帮助他人排忧解难，解决一些工作、学习或生活问题""乐于在网络上向他人推荐好的文章、音乐、影视节目等""乐于在网络上与网友分享工作、学习或生活经验和心得"。总体来看，网民会在网络上给陌生网友提供情感上的支持，分享他人所需的信息，同时对于某些网络陷阱，也会对他人进行提醒。

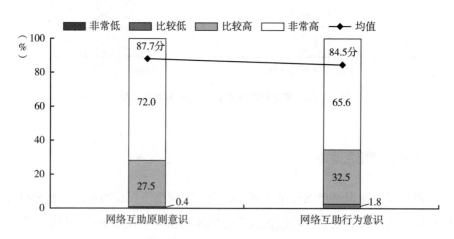

图6　深圳市网民网络互助意识各维度得分情况

二 深圳市民网络道德素养差异性分析

（一）网络道德素养的性别差异

不同性别的网民在网络基本道德意识（t=-3.192，p<0.001）和网络互助意识（t=2.365，p<0.05）上存在显著差异，在网络诚信意识（t=-0.735，p>0.05）和网络正义意识（t=1.195，p>0.05）上不存在显著差异（见表1、图7）。

表1　网络道德素养的性别差异检验（T-test）

性别	网络基本道德意识		网络诚信意识		网络正义意识		网络互助意识	
	均值	标准差	均值	标准差	均值	标准差	均值	标准差
男	83.2	13.1	87.3	10.8	86.9	9.1	86.1	9.3
女	84.8	12.6	87.5	10.3	86.5	9.1	85.3	9.6
t	-3.192***		-0.735		1.195		2.365*	

注：* p<0.05，*** p<0.001。

关于网络基本道德意识，女性（84.8分）相较于男性（83.2分）具有更高的得分。具体而言，女性更加认同"即使网络上的人不知道自己的身份，也不可以不讲道德"，以及"自己需要对自己在网络上的不道德行为负责"。

关于网络互助意识，男性（86.1分）相较于女性（85.3分）具有更高的得分。具体而言，男性更"乐于倾听网友诉说自己的不快并对其开导""乐于在网络上帮助他人排忧解难，解决一些工作、学习或生活问题""乐于在网络上与网友分享工作、学习或生活经验和心得"；而女性则更加认同"告诉网友们一些网络陷阱，提醒他人防范是重要的"。

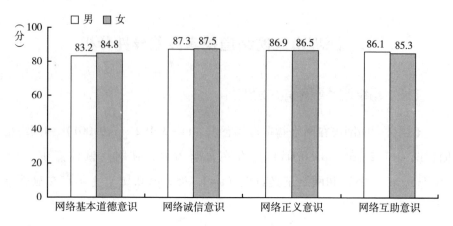

图7　深圳市网民网络道德素养的性别差异

（二）网络道德素养的年龄差异

不同年龄的网民在网络诚信意识（F=3.068，p<0.05）和网络互助意识（F=6.235，p<0.001）上存在显著差异，在网络基本道德意识（F=1.739，p>0.05）和网络正义意识（F=1.440，p>0.05）上不存在显著差异（见表2、图8）。

表2　网络道德素养的年龄差异检验（ANOVA）

年龄	网络基本道德意识		网络诚信意识		网络正义意识		网络互助意识	
	均值	标准差	均值	标准差	均值	标准差	均值	标准差
14~19岁	85.2	12.3	86.5	12.2	86.4	11.0	83.9	11.5
20~29岁	83.2	13.6	86.9	10.9	86.3	9.8	85.2	10.1
30~39岁	84.0	12.3	87.4	10.6	87.1	8.1	86.7	8.2
40~49岁	84.5	12.9	88.6	9.2	87.3	8.3	86.5	8.8
50岁及以上	84.4	12.9	88.1	9.3	86.7	8.7	85.7	8.8
F	1.739		3.068*		1.440		6.235***	

注：* p<0.05，*** p<0.001。

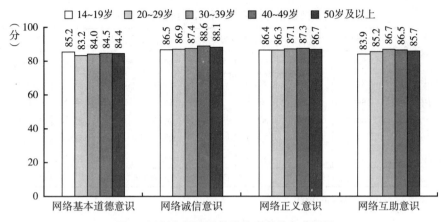

图 8　深圳市网民网络道德素养的年龄差异

关于网络诚信意识，40～49 岁（88.6 分）和 50 岁及以上（88.1 分）的深圳市网民具有相对较高的得分，14～19 岁（86.5 分）和 20～29 岁（86.9 分）的深圳市网民具有相对较低的得分。具体而言，中年群体拥有更高的网络诚信意识，认为"在网络上保持诚信，是自己在任何时候都会坚守的原则"，以及"在网络上违背诚信原则的行为是令人摒弃的"。

关于网络互助意识，30～39 岁（86.7 分）和 40～49 岁（86.5 分）的深圳市网民具有相对较高的得分，14～19 岁（83.9 分）的深圳市网民具有相对较低的得分。具体而言，中年群体更加"乐于倾听网友诉说自己的不快并对其开导""乐于在网络上写积极的内容以激励他人"，以及"乐于在网络上帮助他人排忧解难，解决一些工作、学习或生活问题"，并"乐于在网络上与网友分享工作、学习或生活经验和心得"。

（三）网络道德素养的受教育程度差异

不同受教育程度的网民在网络正义意识（$F=4.786$，$p<0.001$）和网络互助意识（$F=3.760$，$p<0.01$）上存在显著差异，在网络基本道德意识（$F=1.139$，$p>0.05$）和网络诚信意识（$F=2.035$，$p>0.05$）上不存在显著差异（见表 3、图 9）。

表3 网络道德素养的受教育程度差异检验（ANOVA）

受教育程度	网络基本道德意识		网络诚信意识		网络正义意识		网络互助意识	
	均值	标准差	均值	标准差	均值	标准差	均值	标准差
初中及以下	81.2	13.1	85.0	13.7	83.0	12.8	83.7	12.8
高中/中专	84.0	12.9	86.3	11.7	85.8	10.0	84.8	10.1
大专	84.5	13.4	87.5	11.9	86.7	10.2	85.6	9.9
本科	83.9	12.7	87.7	9.8	87.3	8.2	86.3	8.9
研究生及以上	83.5	13.4	87.0	9.4	85.8	9.2	84.7	9.9
F	1.139		2.035		4.786***		3.760**	

注： ** p<0.01， *** p<0.001。

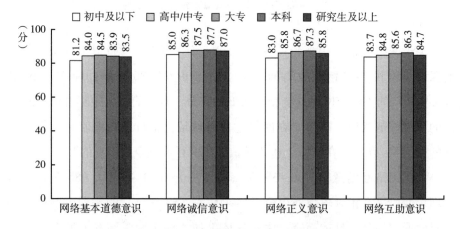

图9 深圳市网民网络道德素养的受教育程度差异

关于网络正义意识，本科学历（87.3分）的网民具有相对较高的得分，初中及以下学历（83.0分）的网民具有相对较低的得分。具体而言，关于网络正义意识，本科学历的网民更加认同"在网络上，尊重人们多样化的社会身份（如性别、民族、地域等）是重要的""在网络上，支持和声援弱势群体是重要的""在网络上，为促进公平、公正地分配权利、义务和资源做出努力是重要的"，并且在面对网络欺凌等不道德事件时，更加认为自己"应该支持和安慰受害者"，同时也会为自己"支持和声援了弱势群体而感到骄傲"。

关于网络互助意识，本科学历（86.3 分）的网民具有相对较高的得分，初中及以下学历（83.7 分）的网民具有相对较低的得分。具体而言，本科学历的网民更加认同"在网络上，主动、自愿帮助别人是重要的""在网络上，形成互帮互助的氛围是重要的""在网络上提醒他人警惕某些诈骗、引诱等不良信息是重要的"，同时也身体力行地"帮助他人排忧解难"，以及"分享工作、学习或生活的经验和心得"。

（四）网络道德素养的月收入差异

不同月收入的网民在网络正义意识（F = 2.633，p<0.05）和网络互助意识（F = 5.692，p<0.001）上存在显著差异，在网络基本道德意识（F = 1.418，p>0.05）和网络诚信意识（F = 1.442，p>0.05）上不存在显著差异（见表 4、图 10）。

表 4　网络道德素养的月收入差异检验（ANOVA）

月收入	网络基本道德意识		网络诚信意识		网络正义意识		网络互助意识	
	均值	标准差	均值	标准差	均值	标准差	均值	标准差
3000 元以下	83.5	13.8	86.0	12.7	85.5	11.9	83.6	11.7
3000～5999 元	84.7	12.6	87.1	11.0	86.0	9.9	85.3	10.4
6000～9999 元	84.3	12.1	87.7	10.2	87.0	8.4	85.8	9.0
10000～14999 元	83.2	13.5	87.8	9.7	87.4	7.9	87.0	8.2
15000～19999 元	82.9	13.9	87.2	9.8	87.3	7.2	85.9	7.6
20000 元及以上	84.2	13.1	88.0	10.2	87.2	9.6	86.8	9.2
F	1.418		1.442		2.633 *		5.692 ***	

注：* p<0.05，*** p<0.001。

关于网络正义意识，月收入在 6000 元及以上的深圳市网民具有相对较高的得分，月收入在 3000 元以下（85.5 分）的网民具有相对较低的得分。具体而言，月收入较高的网民具有较高的网络正义行为意识，在面对网络欺凌等不道德事件时，能够站出来阻止肇事者，并且会支持和安慰受害者。

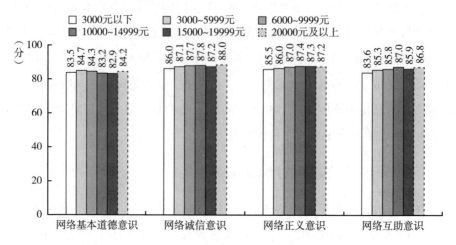

图10 深圳市网民网络道德素养的月收入差异

关于网络互助意识，月收入为10000～14999元（87.0分）和月收入在20000元及以上（86.8分）的深圳市网民具有相对较高的得分，月收入在3000元以下（83.6分）的深圳市网民具有相对较低的得分。具体而言，月收入较高的深圳市网民更加认同"在网络上，形成互帮互助的氛围是重要的"，并且能够身体力行地给予网友鼓励和帮助。

（五）网络道德素养的触网年限差异

不同触网年限的网民在网络基本道德意识（F=6.684，p<0.001）、网络诚信意识（F=5.945，p<0.001）和网络正义意识（F=3.772，p<0.01）上存在显著差异，在网络互助意识（F=1.748，p>0.05）上不存在显著差异（见表5、图11）。

表5 网络道德素养的触网年限差异检验（ANOVA）

触网年限	网络基本道德意识		网络诚信意识		网络正义意识		网络互助意识	
	均值	标准差	均值	标准差	均值	标准差	均值	标准差
5年以内（含5年）	82.2	13.8	85.8	12.4	85.4	11.7	84.7	11.3

续表

触网年限	网络基本道德意识		网络诚信意识		网络正义意识		网络互助意识	
	均值	标准差	均值	标准差	均值	标准差	均值	标准差
5~10 年（含 10 年）	83.6	13.1	87.4	10.3	86.8	8.8	85.9	9.1
10~15 年（含 15 年）	84.4	12.3	87.5	9.9	87.0	8.0	85.9	8.6
15 年以上	86.0	12.3	89.0	10.3	87.7	8.8	86.2	9.8
F	6.684 ***		5.945 ***		3.772 **		1.748	

注：** p<0.01，*** p<0.001。

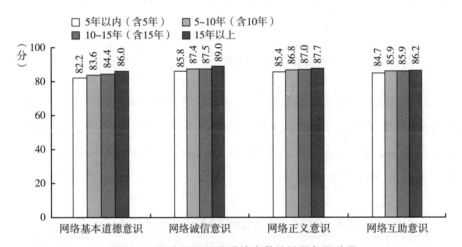

图 11　深圳市网民网络道德素养的触网年限差异

关于网络基本道德意识，触网 10~15 年（含 15 年）（84.4 分）和 15 年以上（86.0 分）的深圳市网民具有相对较高的得分。具体而言，老网民对于网络道德的重要性有更加深刻的理解，认为"在网络上讲道德和现实中一样重要"，以及有更强的网络道德自律性，认为"即使网络上的人不知道自己的身份，也不可以不讲道德"。

关于网络诚信意识，触网 15 年以上（89.0 分）的深圳市网民具有相对较高的得分，触网 5 年以内（含 5 年）（85.8 分）的深圳市网民具有相

对较低的得分。具体而言，老网民拥有更高的网络诚信意识，认为"在网络上保持诚信，是自己在任何时候都会坚守的原则""在网络上违背诚信原则的行为是令人摒弃的"，并且厌恶"网络上的虚假宣传、发布虚假广告等举动"。

关于网络正义意识，触网 15 年以上（87.7 分）的深圳市网民具有相对较高的得分；触网 5 年以内（含 5 年）（85.4 分）的网民具有相对较低的得分。具体而言，老网民更加认同"在网络上，为社会正义而做出行动是重要的""在网络上，尊重人们多样化的社会身份（如性别、民族、地域等）是重要的""在网络上，为促进公平、公正地分配权利、义务和资源做出努力是重要的"，并且在面对网络欺凌等不道德事件时，更有勇气"站出来阻止肇事者"。

（六）网络道德素养的地区差异

处于深圳不同地区的网民在网络基本道德意识（F = 2.355，p<0.05）、网络诚信意识（F = 2.026，p<0.05）和网络正义意识（F = 2.092，p<0.05）上存在显著差异，在网络互助意识（F = 1.224，p>0.05）上不存在显著差异（见表 6、图 12）。

表 6　网络道德素养的地区差异检验（ANOVA）

地　区	网络基本道德意识		网络诚信意识		网络正义意识		网络互助意识	
	均值	标准差	均值	标准差	均值	标准差	均值	标准差
宝安区	83.4	13.2	87.1	9.9	86.4	9.2	85.4	9.5
龙岗区	84.6	13.1	87.7	11.4	87.5	8.8	86.3	9.6
龙华区	84.4	12.6	87.4	10.7	86.7	9.3	85.7	10.0
南山区	83.7	12.3	86.2	10.6	85.9	8.8	85.1	9.6
福田区	85.6	11.8	88.7	9.6	87.1	10.0	85.8	10.0
罗湖区	81.6	14.5	86.8	12.4	86.0	10.3	85.6	9.9
光明区	82.8	12.7	87.4	9.3	86.6	8.7	85.8	7.7

续表

地 区	网络基本道德意识		网络诚信意识		网络正义意识		网络互助意识	
	均值	标准差	均值	标准差	均值	标准差	均值	标准差
其他区	83.8	12.7	88.7	8.9	88.0	7.1	86.9	6.9
F	2.355*		2.026*		2.092*		1.224	

注：*p<0.05。

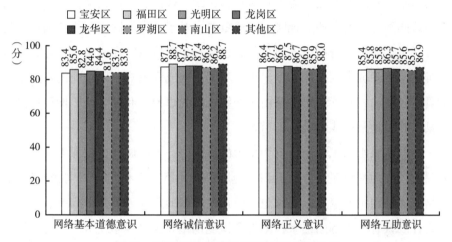

图12 深圳市网民网络道德素养的地区差异

关于网络基本道德意识，福田区（85.6分）的网民具有相对较高的得分，罗湖区（81.6分）的网民具有相对较低的得分。具体而言，福田区的网民对于网络道德的重要性有更加深刻的理解，认为"在网络上讲道德和现实中一样重要"。

关于网络诚信意识，福田区（88.7分）和其他区（包括盐田区、坪山区、大鹏新区、深汕特别合作区）（88.7分）的网民具有相对较高的得分，南山区（86.2分）的网民具有相对较低的得分。具体而言，福田区和其他区的网民具有更加高的网络诚信意识，认为"在网络上保持诚信，是自己在任何时候都会坚守的原则"。

关于网络正义意识，其他区（88.0分）的网民具有相对较高的得分，

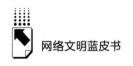
南山区（85.9 分）的网民具有相对较低的得分。具体而言，其他区的网民更加认同"在网络上，为社会正义而做出行动是重要的"。

三　分析与总结

深圳市网民整体的网络道德素养较高，能够在网络上恪守诚信、正义、互助原则，并以该原则来规范自身行为，践行诚信、弘扬正义。深圳市网民普遍认同网络上的道德和现实中一样重要，对于自身的网络行为有高度的道德责任感，如果自身做出不道德行为也会产生羞愧感。在网络道德容忍度这一维度上，深圳市网民的态度出现了不同，两成网民对于网络上的不道德行为具有较高的容忍度，可能是由于网络环境的虚拟性和匿名性，网民选择容忍某些尚未触及底线的网络不道德行为。

在网络原则意识和网络行为意识的比较中，本次调查发现深圳市网民普遍具有较高的网络正义原则意识，但网民的网络正义行为意识则相对较低。网络正义是网民普遍追求的理想，但达成理想的路径需要每个人都肩负更多的责任。只有人人都站出来，不仅意识到网络正义"与我有关"，而且认识到网络正义"与我有责"，网络环境才能真正地实现清明正义。与此同时，深圳市网民普遍具有较高的网络互助原则意识，但网民的网络互助行为意识则有待提升。网民期待网络空间形成互帮互助的氛围，但对于需要耗费自己的时间和精力的互助行为还有所顾虑。网络空间融洽、互助的氛围需要把每个网民具体而微的行动凝结起来才能促成，这需要我们每个人都采取更多的互助行为。

在对不同特征人群的比较中，本次调查发现，相较于中年群体，青年群体具有较低的网络诚信意识和网络互助意识。作为数字时代的弄潮儿，青年群体对互联网有更深刻的了解，更熟悉互联网的运作规则，因此应当树立正确的网络诚信意识，并且在潜藏不良诱惑的网络空间中坚定自身的网络诚信信念。老网民相较于新网民具有较高的网络基本道德意识、网络诚信意识，以及网络正义意识。新网民可能因接触网络时间较短，对网络了解不深，对于网络社会是现实社会在网络空间中的延续这一事实没有清晰的认识。因此，应当加强新网民的网络道德素养教育，提高其对网络道德的认识，使新网民明白在网络上的行为活动并不是完全"隐形"的，并认识到自身在网络上需要承担的道德责任，帮助他们树立正确的网络道德观念。

B.4
2022年深圳市民网络文化素养调查报告

翁惠娟 李梦瑶 罗笑婷 肖韵秋*

摘 要： 网络文化素养由网络科学文化素养、网络传统文化素养、网络红色文化素养，以及网络媒介信息素养四大维度组成。本报告通过配额抽样的方式，结合线上和线下两种渠道回收样本数据。调查结果显示，深圳市民的网络文化素养平均得分为80.4分。其中，网络科学文化素养得分为78.5分，网络传统文化素养得分为81.9分，网络红色文化素养得分为79.7分，网络媒介信息素养得分为81.7分。总体而言，深圳市网民有较高的网络文化素养，善于通过网络搜索、理解和评估信息，具备较强的在线自主学习能力。同时，深圳市网民也具有较高的红色文化和中华传统文化认知和认同感，对这两种主流文化具有较强的接触意愿和实践意识。较高水平的网络文化素养不仅有助于网民实现自我的提升，而且对于主流文化在新时代的传承和发展也有着重要的意义。

关键词： 网络文化素养 网络科学文化素养 网络传统文化素养 网络红色文化素养 网络媒介信息素养

网络文化素养是网络文明的重要表现，指网民在社会主义核心价值观的

---

* 翁惠娟，中共深圳市委网信办网络传播处处长，研究方向为网络传播、网络文明和网络社会工作；李梦瑶，深圳大学传播学院硕士研究生，研究方向为网络新媒体、健康传播；罗笑婷，上海交通大学媒体与传播学院硕士研究生，研究方向为社交媒体用户行为；肖韵秋，深圳大学传播学院硕士研究生，研究方向为网络新媒体、网络与媒介心理。

引领下，利用积极健康的网络文化丰富个人生活，在精神上激浊扬清，追求充盈、自制的生活状态。在本次调查中，深圳市网民的网络文化素养一共有四个子指标，包括网络科学文化素养、网络红色文化素养、网络传统文化素养以及网络媒介信息素养（见图1）。其中，网络传统文化素养和网络红色文化素养指向静态的知识集合。中华优秀传统文化和红色文化作为基于共同经验的主流文化能够有效团结网民群体、增强文化向心力。网络科学文化素养和网络媒介信息素养指向动态的学习过程，反映了网民对网络文化进行识别、反思、使用和改进的能力，网民自主学习、与时偕行、积极参与文化共创的意愿和能力，对于推进数字文化繁荣发展具有重要意义。

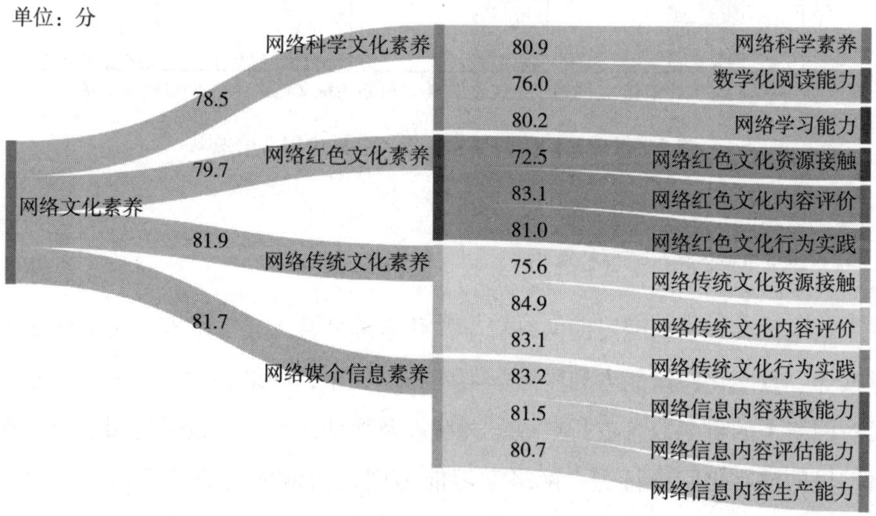

单位：分

	网络科学文化素养	80.9 网络科学素养
	78.5	76.0 数字化阅读能力
		80.2 网络学习能力
网络文化素养	网络红色文化素养 79.7	72.5 网络红色文化资源接触
		83.1 网络红色文化内容评价
		81.0 网络红色文化行为实践
	网络传统文化素养 81.9	75.6 网络传统文化资源接触
		84.9 网络传统文化内容评价
	81.7	83.1 网络传统文化行为实践
	网络媒介信息素养	83.2 网络信息内容获取能力
		81.5 网络信息内容评估能力
		80.7 网络信息内容生产能力

图1 深圳市民网络文化素养指标体系

一 深圳市民网络文化素养

深圳市民的网络文化素养总体得分为 80.4 分。具体而言，在四个细分维度下，网络科学文化素养平均得分为 78.5 分，网络红色文化素养平均得分为 79.7 分，网络传统文化素养平均得分为 81.9 分，网络媒介信息素养平均得分为 81.7 分（见图 2）。网络传统文化素养和网络媒介信息素养均超过80.0 分，深圳市网民的网络文化素养整体情况较好。

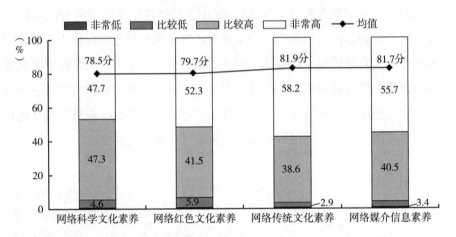

图 2　深圳市网民网络文化素养各维度得分情况①

（一）网络科学文化素养

在本次调查中，网民的网络科学文化素养共分为三个维度，包括网络科学素养、数字化阅读能力和网络学习能力。其中，网络科学素养主要衡量网民对网络上的科学信息进行获取、理解以及评估的能力；数字化阅读能力衡量网民的数字化阅读行为；网络学习能力则是指向网民的网络自主学习行为。调查结果显示，总体来说，深圳市网民的网络科学文化素养平均得分为78.5 分，得分较高。其中，深圳市网民在网络科学素养、网络学习能力和数字化阅读能力三个细分维度上的得分分别为 80.9 分、80.2 分和 76.0 分（见图 3），网络科学素养这一维度的得分最高。

深圳市网民在网络科学素养上的得分为 80.9 分（见图 3）。其中 51.9%

①　本章节网络文化素养各图表中，得分占比少于 1% 的部分未在图中标识，因而各部分占比总值可能略低于 100%。

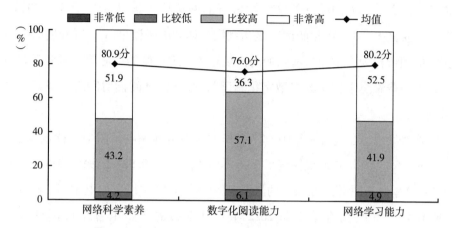

图3 深圳市网民网络科学文化素养各维度得分情况

的网民具有非常高的网络科学素养，即具有很强的获取、理解和评估网络科学信息的能力，43.2%的网民具有比较高的网络科学素养。具体而言，86.3%的网民"知道如何上网查找有用的科学信息"；73.4%的网民认为自己"具备评价网络科学资源信息好坏的能力"；76.0%的网民认为自己"能够区分网络上高质量和低质量的科学资源信息"。

在网络学习能力上，深圳市网民的得分为80.2分（见图3）。本次调查中的网络学习能力主要是指接受线上远程教育、网上检索学习知识、论坛讨论、学习并制作作品等自主学习的意识和行为。其中，52.5%的网民具有非常高的网络学习能力，41.9%的网民具有比较高的网络学习能力。88.9%的网民表示"遇到自己不能解决的问题时，会主动通过网络学习进行信息搜索，以解决问题"，具有较强的自主学习意识；81.7%的网民会"尝试把不同的数字工具结合起来，用于自己的网络学习"；72.4%的网民"对自己的网络自主学习结果感到满意"。

深圳市网民在数字化阅读能力上的得分为76.0分（见图3）。本次调查中的"数字化阅读"指的是通过计算机、手机、平板电脑、电子阅读器和MP4等数字化平台或移动终端阅读书籍、报刊、网络文学等的行为，其中也包括"线上听书"等创新阅读形式。"数字化阅读"概念存在广义与狭义

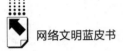

之分。广义上，人们通过数字终端进行的阅读皆可被纳入"数字化阅读"范畴；狭义上，"数字化阅读"是指利用具体的电子读书App等开展的较为正式的阅读行为，常伴随清晰的阅读规划和一定程度的思考等。需要强调的是，本报告聚焦于狭义的"数字化阅读"，强调深度阅读对网络文明素养提升的意义。

调查发现，在过去一年中，27.27%的深圳市网民电子图书阅读量少于3本，36.26%的深圳市网民阅读了3~6本电子图书，19.98%的深圳市网民阅读了7~10本电子图书，16.48%的深圳市网民达到10本以上的电子图书阅读量（见图4）。本次调查结果与2022年4月发布的《广东省全民阅读指数（2021）》中的报告结果接近，广东成年居民电子读物年均阅读量为5.62本。

深圳是"全球全民阅读典范城市"，致力于推广全民阅读的"深圳读书月"已开展多年，据了解，深圳市民阅读纸质书和电子图书的数量在全国处于领先水平。本次调研聚焦于狭义的数字化阅读，希望通过对电子深度阅读的关注，引导更多网民在阅读纸质图书的同时，也通过网络开展深度阅读，进一步提升文化素养。

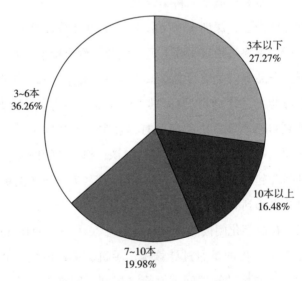

图4 深圳市网民一年内的电子图书阅读量

在数字化阅读时长上，在过去一个月里，深圳市网民数字化阅读日均时长为2.4小时。其中，接近五成的深圳市网民表示自己在数字化阅读上花费的时间平均每天不超过1小时（见图5）。

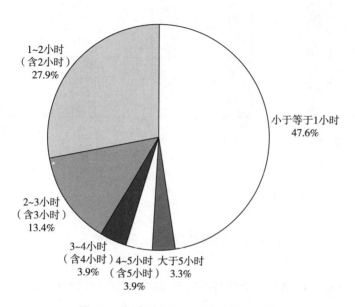

图5 深圳市网民日均数字化阅读时长

从数字化阅读的目的来看，深圳市网民对于自己进行数字化阅读的目的认知从高到低排列分别为增长见识（76.1%）、休闲娱乐（69.2%）、解决学习或工作问题（64.9%）、为社交服务（38.5%）（见图6）。从总体上来说，深圳市网民具有多元的数字化阅读动机，体现出较强的信息需求意识和自我发展意识。

（二）网络红色文化素养

网络红色文化素养包括三个细分维度，分别是网络红色文化资源接触、网络红色文化内容评价和网络红色文化行为实践。网络红色文化资源接触是指深圳市网民对网络红色文化资源的了解程度和接触网络红色文化资源的数量；网络红色文化内容评价是指深圳市网民对网络上的红色文化内容的评

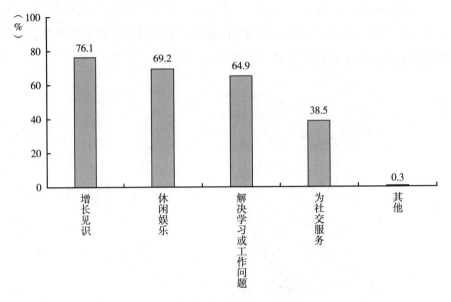

图6 深圳市网民数字化阅读目的

价、接触意愿；网络红色文化行为实践是指深圳市网民对网络红色文化资源的关注度和参与度。

网络红色文化素养得分均值为79.7分（见图2），整体而言得分较高。在网络红色文化资源接触方面，总体得分均值为72.5分（见图7）。其中，有52.3%的网民在过去一年内的网络红色文化资源接触水平非常高；有41.5%的网民在过去一年内的网络红色文化资源接触水平比较高。在网络红色文化内容评价方面，总体得分均值为83.1分（见图7）。其中，96.5%的网民对网络红色文化内容的评价较高，也具有较强的接触意愿，认为"当下网络上的红色文化内容是具有价值的"，"愿意阅读当下网络上的红色文化内容"。在网络红色文化行为实践方面，总体得分均值为81.0分（见图7）。其中，94.0%的网民具有较高的网络红色文化行为实践水平，"会关注当下网络上的红色文化内容"。总体来看，深圳市网民的网络红色文化素养较高，认同网络上的红色文化，并对其有积极正向的评价，对网络红色文化的评价和接触意愿较高。

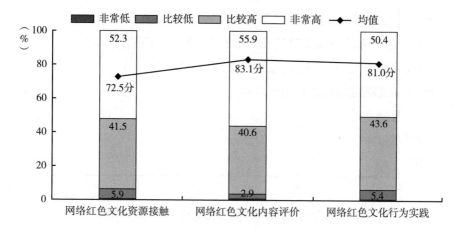

图7　深圳市网民网络红色文化素养各维度得分情况

此外，在网络红色文化素养维度中，本报告还考察了过去一年深圳市网民接触网络红色文化资源的媒介类型和接触的网络红色文化类型。深圳市网民接触红色文化资源的主要线上途径是短视频（抖音、快手等）（占比32.2%）、电子图文（网页、公众号文章等）（占比29.6%）、音频（歌曲、播客、电台等）（占比20.6%）（见图8）。此外，深圳市网民在网络上接触的红色文化的主要类型是红色影音作品（播客、歌曲、电影等）（占比19.3%），红色文化文件、文献及资料（占比15.7%），红色文化线上博物馆（占比14.0%），红色文化线上知识竞赛（占比11.3%），红色文化直播（占比9.9%），红色文化线上文艺演出（占比8.4%），以及红色文化线上读书会（占比8.1%）（见图9）。

深圳市网民的网络红色文化素养整体水平较高，接触的网络红色文化类型和接触网络红色文化资源的媒介类型多种多样。在网络红色文化素养这一维度中，深圳市网民对网络红色文化的内容评价和接触意愿都较高。因此，提供更丰富的网络红色文化资源供网民学习，对于提高网民的网络红色文化素养具有重要意义。

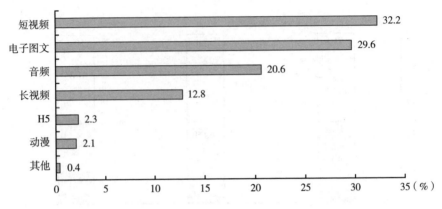

图8　深圳市网民接触网络红色文化资源的媒介类型

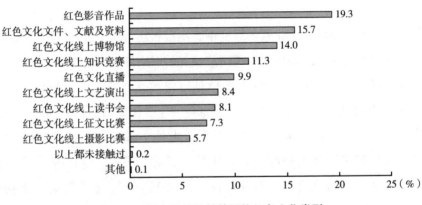

图9　深圳市网民接触的网络红色文化类型

（三）网络传统文化素养

与网络红色文化素养类似，网络传统文化素养也包括三个细分维度，分别是网络传统文化资源接触、网络传统文化内容评价和网络传统文化行为实践。网络传统文化资源接触是指深圳市网民对网络传统文化资源的了解程度和接触网络传统文化资源的数量；网络传统文化内容评价是指深圳市网民对网络上的传统文化内容的评价、接触意愿；网络传统文化行为实践是指深圳市网民对网络传统文化资源的关注度和参与度。

本次调查中，深圳市网民在网络传统文化素养这一维度上的总体得分为81.9分。有58.2%的深圳市网民具有非常高的网络传统文化素养；38.6%的深圳市网民具有比较高的网络传统文化素养。深圳市网民在网络传统文化资源接触、网络传统文化内容评价和网络传统文化行为实践三个细分维度上的得分分别为75.6分、84.9分、83.1分（见图10）。

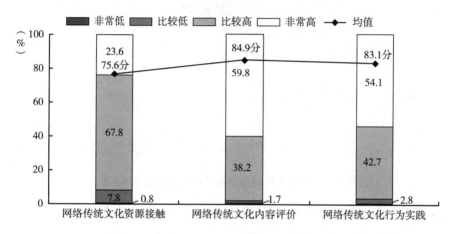

图10 深圳市网民网络传统文化素养各维度得分情况

在网络传统文化资源接触上，23.6%的深圳市网民在过去一年内的网络传统文化资源接触水平非常高，67.8%的网民在过去一年内的网络传统文化资源接触水平比较高。其中，15.2%的网民认为自己"非常了解"网络上的中华优秀传统文化，59.7%的网民认为自己"比较了解"网络上的中华优秀传统文化（见图11）。数据表明，深圳市网民对中华优秀传统文化有较高的认知和认同，这有利于凝聚文化共识，推动中华优秀传统文化创新发展。

从接触的传统文化类型来看，深圳市网民接触的网络传统文化类型主要有传统文化影音作品（66.3%），传统文化文献、文件及资料（53.8%），传统文化线上博物馆（45.4%），传统文化直播（37.1%）（见图12）。

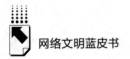

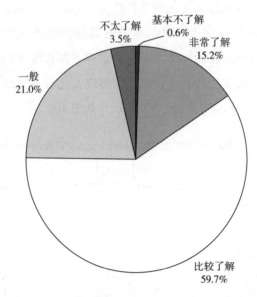

图 11 深圳市网民对中华优秀传统文化的了解程度

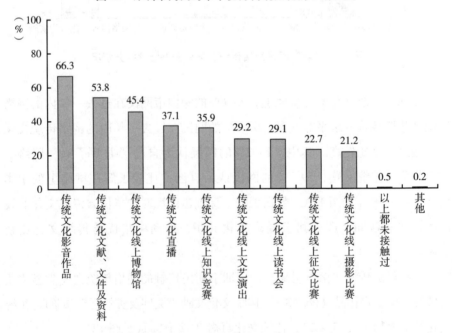

图 12 深圳市网民接触的网络传统文化类型

从网络传统文化内容评价上来看，59.8%的网民对当下网络空间中的传统文化内容评价非常高；38.2%的网民对当下网络空间中的传统文化内容评价比较高。其中，88.4%的网民认为"当下网络上的中华传统文化内容是具有价值的"；90.0%的网民"愿意阅读当下网络上的中华传统文化内容"。

从网络传统文化行为实践上来看，54.1%的深圳市网民具有非常高的网络传统文化行为实践素养；42.7%的网民具有比较高的网络传统文化行为实践素养。其中，85.3%的网民"会关注当下网络上的中华传统文化内容"；78.5%的网民"会向他人分享当下网络上的中华传统文化内容"。

总体来看，深圳市网民对网络传统文化的接触意愿较强，认同度较高，能够主动关注、评论和分享中华传统文化，为中华传统文化注入活力。

（四）网络媒介信息素养

网络媒介信息素养具体可分为三个维度：网络信息内容获取能力、网络信息内容评估能力和网络信息内容生产能力。网络信息内容获取能力是指深圳市网民使用不同的搜索引擎进行网络信息获取的能力；网络信息内容评估能力是指深圳市网民在互联网上识别有害信息并保护自己免受伤害的能力；网络信息内容生产能力是指深圳市网民利用互联网进行协作互动以及对互联网内容进行批判性思考的能力。

在本次调查中，深圳市网民在网络媒介信息素养上的得分均值为81.7分（见图2），总体得分较高。在网络信息内容获取能力这一方面，总体得分均值为83.2分（见图13）。其中，96.7%的网民的网络信息内容获取能力较强，认为其"可以有效地使用网络来获取需要的信息、音频、图像或其他数据""为访问需要的信息或数据，可以使用不同功能的搜索引擎和数据库"。在网络信息内容评估能力方面，总体得分均值为81.5分（见图13）。其中，95.9%的网民的网络信息内容评估能力较强，认为其"在网络上，可以识别恶意和有害的内容，可以保护自己免受伤害"。在网络信息内容生产能力方面，总体得分均值为80.7分（见图

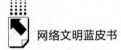

13）。其中，95.3%的网民的网络信息内容生产能力较强，认为自己"可以在网络上与不同的用户进行协作和互动""对于网络媒体上的信息内容，会进行批判性思考"。

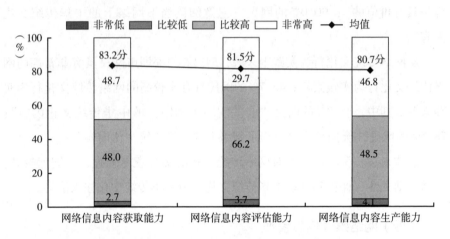

图13　深圳市网民网络媒介信息素养各维度得分情况

总体来看，深圳市网民的网络媒介信息素养较高，但网络信息内容生产能力相较于网络信息内容获取能力较低，还有待提升。

二　深圳市民网络文化素养差异性分析

（一）网络文化素养的性别差异

利用独立样本t检验研究深圳市网民的网络文化素养各细分维度是否存在性别差异。结果显示，深圳市民的网络科学文化素养（t=4.004，p<0.001）、网络红色文化素养（t=5.139，p<0.001）、网络传统文化素养（t=4.137，p<0.001）、网络媒介信息素养（t=2.830，p<0.01）在性别上均存在显著差异（见表1、图14）。

表1　网络文化素养的性别差异检验（T-test）

性别	网络科学文化素养		网络红色文化素养		网络传统文化素养		网络媒介信息素养	
	均值	标准差	均值	标准差	均值	标准差	均值	标准差
男	79.2	10.1	80.6	11.6	82.6	10.2	82.2	11.0
女	77.7	10.5	78.4	12.3	81.0	11.0	81.6	11.2
t	4.044 ***		5.139 ***		4.137 ***		2.830 **	

注：** p<0.01，*** p<0.001。

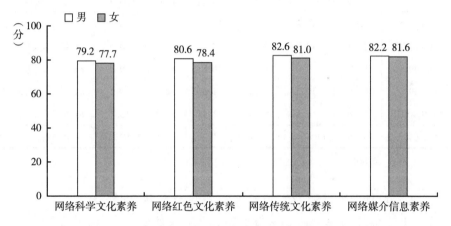

图14　深圳市网民网络文化素养的性别差异

在网络科学文化素养上，男性得分为79.2分，高于女性得分77.7分。在网络红色文化素养上，男性得分为80.6分，高于女性得分78.4分。在网络传统文化素养上，男性和女性的得分分别为82.6分和81.0分，与女性相比，男性的网络传统文化素养略高。在网络媒介信息素养上，男性得分为82.2分，女性得分为81.6分，男性网民得分高于女性网民。整体而言，男性网民的网络文化素养略高于女性网民。

（二）网络文化素养的年龄差异

通过单因素方差分析探究不同年龄段的深圳市网民在网络文化素养各细

分维度上的得分是否存在差异。结果显示，深圳市网民的网络科学文化素养（F=52.607，p<0.001）、网络红色文化素养（F＝36.373，p<0.001）、网络传统文化素养（F＝25.023，p<0.001）以及网络媒介信息素养（F＝16.599，p<0.001）在年龄上均存在显著差异（见表2、图15）。

表2　网络文化素养的年龄差异检验（ANOVA）

年龄	网络科学文化素养		网络红色文化素养		网络传统文化素养		网络媒介信息素养	
	均值	标准差	均值	标准差	均值	标准差	均值	标准差
14~19 岁	72.4	11.2	74.2	13.4	77.2	12.6	77.4	13.0
20~29 岁	77.2	10.0	77.8	12.2	80.9	10.6	81.6	10.5
30~39 岁	81.7	9.2	82.6	10.8	83.9	10.0	83.6	9.7
40~49 岁	77.9	10.7	80.2	11.5	82.6	9.6	81.0	12.3
50 岁及以上	79.6	10.1	81.4	11.1	82.5	10.4	81.6	12.9
F	52.607 ***		36.373 ***		25.023 ***		16.599 ***	

注：*** p<0.001。

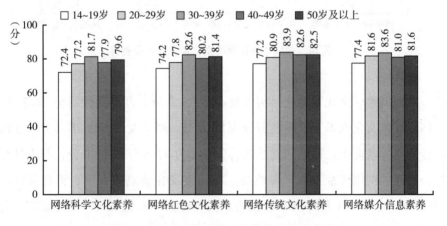

图15　深圳市网民网络文化素养的年龄差异

在网络科学文化素养上，得分最高的是30~39岁深圳市网民群体，为81.7分，依次高于50岁及以上、40~49岁、20~29岁、14~19岁深圳市网民群体。30~39岁深圳市网民群体的网络科学文化素养显著高于其他年龄段网民群体，14~19岁深圳市网民群体的网络科学文化素养则显著低于其他年龄段网民群体。

在网络红色文化素养上，30~39岁的深圳市网民群体得分最高，为82.6分，依次高于50岁及以上、40~49岁、20~29岁和14~19岁的深圳市网民群体。14~19岁深圳市网民群体的网络红色文化素养显著低于其他年龄段网民群体，30~39岁深圳市网民群体的网络红色文化素养显著高于14~19岁、20~29岁以及40~49岁深圳市网民群体。50岁及以上的深圳市网民群体的网络红色文化素养显著高于14~19岁、20~29岁深圳市网民群体。这说明，年长一代深圳市网民的网络红色文化素养积淀更深厚。

在网络传统文化素养上，30~39岁的深圳市网民群体得分为83.9分，依次高于40~49岁、50岁及以上、20~29岁和14~19岁的深圳市网民群体。14~19岁深圳市网民群体的网络传统文化素养显著低于其他年龄段网民群体，为77.2分。30~39岁深圳市网民群体的网络传统文化素养显著高于14~19岁、20~29岁以及40~49岁深圳市网民群体。50岁及以上的深圳市网民群体的网络文化素养显著高于14~19岁这一年龄段网民群体。这说明，年长一代深圳市网民群体的网络传统文化素养更高。

在网络媒介信息素养上，30~39岁的深圳市网民群体得分最高，为83.6分，高于20~29岁、50岁及以上、40~49岁和14~19岁的深圳市网民群体。14~19岁深圳市网民群体的网络媒介信息素养显著低于其他年龄段网民群体，30~39岁深圳市网民群体的网络媒介信息素养显著高于14~19岁、40~49岁深圳市网民群体。

（三）网络文化素养的月收入差异

通过单因素方差分析探究不同月收入的深圳市网民在网络文化素养各细分维度上的得分是否存在差异。结果显示，不同月收入的深圳市网民在网络

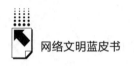
科学文化素养（F=71.464，p<0.001）、网络红色文化素养（F=33.710，p<0.001）、网络传统文化素养（F=22.654，p<0.001）以及网络媒介信息素养（F=26.358，p<0.001）上均存在显著差异（见表3、图16）。

表3　网络文化素养的月收入差异检验（ANOVA）

月收入	网络科学文化素养		网络红色文化素养		网络传统文化素养		网络媒介信息素养	
	均值	标准差	均值	标准差	均值	标准差	均值	标准差
3000 元以下	72.9	10.7	74.6	13.2	77.9	12.0	77.4	12.8
3000~5999 元	76.1	10.4	77.8	12.1	80.3	10.8	80.0	11.6
6000~9999 元	79.5	10.0	80.6	11.3	82.4	10.4	82.8	10.5
10000~14999 元	81.7	8.7	82.4	10.3	84.8	8.8	83.6	9.2
15000~19999 元	83.2	8.1	83.2	10.1	84.5	8.4	84.4	9.2
20000 元及以上	82.7	8.9	83.4	13.7	84.5	10.2	85.0	10.3
F	71.464 ***		33.710 ***		22.654 ***		26.358 ***	

注：*** p<0.001。

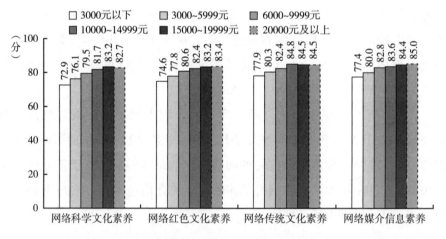

图16　深圳市网民网络文化素养的月收入差异

在网络科学文化素养上，不同月收入的深圳市网民的网络科学文化素养得分存在显著差异。总体来看，随着月收入的增加，深圳市网民的网络科学文化素养也总体在提升。具体而言，月收入为 15000～19999 元的深圳市网民得分最高，为 83.2 分。

在网络红色文化素养上，平均月收入越高，网络红色文化素养越高。在网络传统文化素养上，月收入在 10000～14999 元的网民得分为 84.8 分，高于其他收入层次网民。其次是月收入 15000～19999 元和 20000 元及以上的网民，两者得分均为 84.5 分。网络传统文化素养得分最低的是月收入 3000 元以下的网民。平均月收入低于 6000 元的深圳市网民的网络媒介信息素养显著低于平均月收入 6000 元及以上的深圳市网民。网民的网络媒介信息素养亦随着月收入的提高而微幅提升。整体而言，网民物质生活的改善与其文化素养之间存在正向关系，验证了"仓廪实而知礼节"在网络空间的适用性。但网络文化素养的差异在深圳市网民月收入略高于平均水平之后逐渐减小，月收入在 15000～19999 元的网民，其网络文化素养最高。

（四）网络文化素养的受教育程度差异

通过单因素方差分析探究不同受教育程度的深圳市网民在网络文化素养各细分维度上的得分是否存在差异。结果显示，不同受教育程度的深圳市网民在网络科学文化素养（F = 28.473，p<0.001）、网络红色文化素养（F = 21.937，p<0.001）、网络传统文化素养（F = 33.631，p<0.001）以及网络媒介信息素养（F = 29.551，p<0.001）上均存在显著差异（见表 4、图 17）。

在网络科学文化素养上，随着受教育程度的提高，深圳市网民的网络科学文化素养呈上升趋势，并于研究生及以上学历达到峰值。结果显示，学历为本科的深圳市网民的网络科学文化素养得分显著高于其他学历的网民（除研究生及以上学历的网民外）。具体而言，研究生及以上学历的深圳市网民得分最高，为 80.0 分（见表 4、图 17），依次高于本科、大专、高中/中专、初中及以下学历网民。

表 4　网络文化素养的受教育程度差异检验（ANOVA）

受教育程度	网络科学文化素养		网络红色文化素养		网络传统文化素养		网络媒介信息素养	
	均值	标准差	均值	标准差	均值	标准差	均值	标准差
初中及以下	71.2	15.5	70.6	16.4	74.2	16.2	71.4	17.9
高中/中专	73.7	11.9	75.2	13.0	77.9	12.6	76.2	13.7
大专	77.6	10.3	79.6	12.0	81.1	11.2	81.4	11.3
本科	79.9	9.3	80.8	10.8	83.2	9.4	83.2	9.3
研究生及以上	80.0	9.3	80.6	13.2	82.8	9.8	83.2	9.9
F	28.473 ***		21.937 ***		33.631 ***		29.551 ***	

注：*** $p < 0.001$。

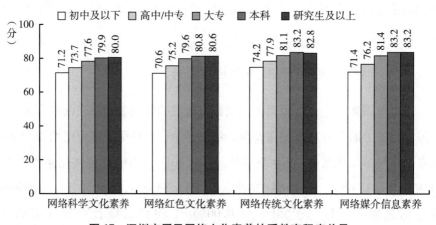

图 17　深圳市网民网络文化素养的受教育程度差异

在网络红色文化素养上，本科学历的深圳市网民的得分分别依次高于研究生及以上、大专、高中/中专、初中及以下学历网民。同时，高中/中专及以下学历的深圳市网民网络红色文化素养显著低于大专及以上学历深圳市网民。

在网络传统文化素养上，初中及以下、高中/中专、大专、本科、研究生及以上学历网民的网络传统文化素养得分分别为 74.2 分、77.9 分、81.1

分、83.2分、82.8分（见表4、图17）。本科学历网民的网络传统文化素养得分分别依次高于研究生及以上、大专、高中/中专、初中及以下学历网民，且具有统计学意义上的显著差异。

在网络媒介信息素养上，本科学历深圳市网民的得分与研究生学历一致，高于大专、高中/中专、初中及以下学历网民。

（五）网络文化素养的触网年限差异

通过单因素方差分析探究不同触网年限的深圳市网民在网络文化素养各细分维度上的得分是否存在差异。结果显示，不同触网年限的深圳市网民在网络科学文化素养（$F = 19.189$，$p < 0.001$）、网络红色文化素养（$F = 5.431$，$p < 0.01$）、网络传统文化素养（$F = 7.242$，$p < 0.001$）以及网络媒介信息素养（$F = 12.435$，$p < 0.001$）上均存在显著差异（见表5、图18）。

表5　网络文化素养的触网年限差异检验（ANOVA）

触网年限	网络科学文化素养		网络红色文化素养		网络传统文化素养		网络媒介信息素养	
	均值	标准差	均值	标准差	均值	标准差	均值	标准差
5年以内（含5年）	74.9	12.2	77.4	14.0	79.9	10.0	78.4	13.3
5~10年（含10年）	78.8	9.8	79.9	11.2	81.9	10.4	82.0	10.4
10~15年（含15年）	79.4	9.6	80.1	11.5	82.6	9.8	82.4	10.6
15年以上	80.2	10.0	80.7	12.5	82.8	10.8	83.0	10.9
F	19.189***		5.431**		7.242***		12.435***	

注：** $p < 0.01$，*** $p < 0.001$。

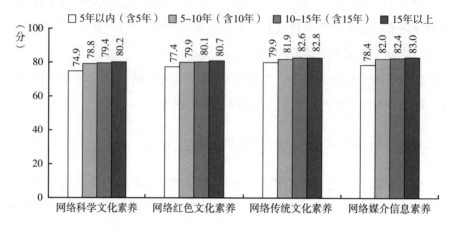

图18 深圳市网民网络文化素养的触网年限差异

在网络科学文化素养上，触网年限在15年以上的深圳市网民的得分最高，为80.2分，依次高于触网年限为10~15年（含15年）（79.4分）、5~10年（含10年）（78.8分）和5年以内（含5年）（74.9分）的深圳市网民。触网年限为5年以内（含5年）的深圳市网民的网络科学文化素养显著低于其他触网年限的网民。

在网络红色文化素养上，触网年限在15年以上的深圳市网民的得分最高，为80.7分，依次高于触网年限为10~15年（含15年）（80.1分）、5~10年（含10年）（79.9分）和5年以内（含5年）（77.4分）的深圳市网民。触网年限在5年以内（含5年）的深圳市网民的网络红色文化素养显著低于触网年限在5年以上的网民，触网年限在5年以上的深圳市网民的网络红色文化素养没有显著差异。

在网络传统文化素养上，触网年限在15年以上的深圳市网民得分最高，得分为82.8分，触网年限在5年以内（含5年）的深圳市网民的得分最低，得分为79.9分。

在网络媒介信息素养上，触网年限在15年以上的深圳市网民的得分为83.0分，依次高于触网年限为10~15年（含15年）（82.4分）、5~10年（含10年）（82.0分）和5年以内（含5年）（78.4分）的深圳市网民。触网年限在 5 年以内（含 5 年）的深圳市网民的网络媒介信息素养显著低于触网年限在 5 年以上的网民，触网年限在 5 年以上的深圳市网民的网络媒介信息素养没有显著差异。

（六）网络文化素养的地区差异

通过单因素方差分析探究居住在不同地区的深圳市网民在网络文化素养各细分维度上的得分是否存在差异。结果显示，不同地区的深圳市网民在网络科学文化素养（F = 2.159，p<0.05）、网络红色文化素养（F = 11.833，p<0.001）以及网络媒介信息素养（F = 11.522，p<0.001）上均存在显著差异，在网络传统文化素养上不存在显著差异（见表6、图19）。

表6　网络文化素养的地区差异检验（ANOVA）

地　区	网络科学文化素养		网络红色文化素养		网络传统文化素养		网络媒介信息素养	
	均值	标准差	均值	标准差	均值	标准差	均值	标准差
宝安区	77.8	10.5	72.6	14.6	81.3	10.8	74.4	15.1
龙岗区	79.0	9.9	76.5	12.5	81.9	10.6	77.5	16.6
龙华区	77.6	11.3	69.9	16.2	81.4	11.4	70.9	18.4
南山区	79.4	9.6	77.5	14.1	82.0	10.0	82.0	10.9
福田区	79.6	10.0	76.8	14.9	82.7	10.4	81.9	12.4
罗湖区	78.7	11.2	75.5	15.9	82.8	10.8	74.9	16.1
光明区	78.0	9.8	77.0	15.5	81.6	10.8	80.2	14.8
其他区	79.3	9.2	80.6	11.2	83.4	9.6	82.6	9.7
F	2.159*		11.833***		1.362		11.522***	

注：* p<0.05，*** p<0.001。

在网络科学文化素养上，不同居住地区的深圳市网民得分存在显著差异。具体而言，福田区的网民得分最高，为 79.6 分，依次高于南山区（79.4 分）、其他区（79.3 分）、龙岗区（79.0 分）、罗湖区（78.7 分）、

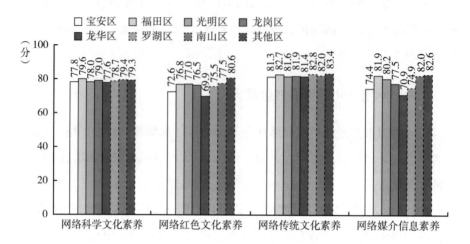

图19　深圳市民网络文化素养的地区差异

光明区（78.0分）、宝安区（77.8分）、龙华区（77.6分）。

在网络红色文化素养上，其他区网民的得分（80.6分）最高，依次高于南山区（77.5分）、光明区（77.0分）、福田区（76.8分）、龙岗区（76.5分）、罗湖区（75.5分）、宝安区（72.6分）和龙华区（69.9分）。

在网络传统文化素养上，福田区（82.7分）和南山区（82.0分）网民的得分高于光明区（81.6分）、龙华区（81.4分）和宝安区（81.3分）。

在网络媒介信息素养上，南山区网民的得分（82.0分）依次高于福田区（81.9分）、光明区（80.2分）、龙岗区（77.5分）、罗湖区（74.9分）、宝安区（74.4分）和龙华区（70.9分）。

三　分析与总结

2021年，中共中央办公厅、国务院办公厅印发的《关于加强网络文明建设的意见》指出，要加强网络空间文化培育。以社会主义核心价值观引领网络文化建设，广泛凝聚新闻网站、商业平台等传播合力，把社会主义核心价值观传播到广大网民中、传导到社会各方面。深入开展网上党史学习教育，传播我们党在革命、建设、改革各个历史时期取得的伟大成就，弘扬党和人民在奋斗中形成的伟大精神，旗帜鲜明反对历史虚无主义。激发中华优秀传统文化活力，打造广大网民喜闻乐见的特色品牌活动和原创精品，推动中华优秀传统文化创造性转化、创新性发展。

在本次调查中，深圳市网民的网络文化素养总体得分为80.4分。在四个子维度下，网络科学文化素养平均得分为78.5分，网络红色文化素养平均得分为79.7分，网络传统文化素养平均得分为81.9分，网络媒介信息素养平均得分为81.7分。数据显示，深圳市网民有较高的网络文化素养，网民能够较好地通过网络搜索信息，自主学习、理解和评估信息，并利用网络资源解决自己的问题；网民对于红色文化和中华传统文化这两种主流文化也有较高的认知和认同感，接触意愿和实践意识较强。该结果提示我们，网络作为重要的信息获取渠道以及内容接触中介，对于提高文化素养有着重要的意义，因此应该多采取网络形式、多结合网络形式，来提高传播效率。

在不同特征的人群中，网络文化素养也存在差异。在年龄差异上，本报告发现14~19岁的深圳市网民在网络文化素养上的得分显著低于其他年龄段网民，在四个子维度上（网络科学文化素养、网络红色文化素养、网络传统文化素养和网络媒介信息素养）也均显著低于其他年龄段网民。这说明对青少年的网络文化素养的教育亟待夯实。青少年正处于三观形成时期，对新事物也有较强的接受能力和学习能力，因此，需进一步完善家庭、学校、社会相结合的网络文化素养教育机制，打造青少年愿听愿看的优秀网络文化作品，激发青少年文化创造活力。在月收入差异上，月收入为15000~19999元的网民群体表现出较高的综合文化素养。不同受教育程度的网民的网络文化素养也存在显著差异，本科学历的网民在网络红色文化素养、网络传统文化素养和网络媒介信息素养上的得分高于其他学历群体。

网络创新了文化的形式和内容，服务于日益丰富的文化需求，具有提升全民科学文化素质和身心健康素质、弘扬社会主义核心价值观、提升凝聚力和向心力的重要功能。相关部门可着力提升网络公共资源的共享性和互惠性，进一步营造自主学习、全民阅读的文化氛围，打造网民喜闻乐见的主流文化产品，进一步激发文化创造力和活力。

B.5
2022年深圳市民网络规范
行为素养调查报告

李　辉　吴林蓉　尹　锐*

摘　要： 网络规范行为素养是网民在网络空间实践文明行为的直接体现，包含网络适度使用、网络理性表达、网络文明互动及网络多元尊重四个方面。深圳市网民的网络规范行为素养得分为75.2分。其中，网络适度使用得分为63.2分，网络理性表达得分为81.4分，网络文明互动得分为80.9分，网络多元尊重得分为75.5分。该结果表明，深圳市网民的网络规范行为素养总体良好。面对网络信息，深圳市网民能秉持理性客观的态度，展开多角度的思考；在与其他网民的沟通中，能尊重不同网民群体的观点与立场，保持友好的交流状态。但深圳市网民在网络适度使用上仍需加强，尤其要重视青少年的网络沉迷问题。本报告认为，培养良好的网络规范行为素养有利于引导、规范网民的网络行为，对维护网络秩序具有重要意义。

关键词： 网络规范行为素养　网络适度使用　网络理性表达　网络文明互动　网络多元尊重

---

* 李辉，深圳大学传播学院助理教授，研究方向为网络传播与国际传播；吴林蓉，深圳大学传播学院硕士研究生，研究方向为网络新媒体、健康传播；尹锐，深圳大学传播学院硕士研究生，研究方向为网络新媒体、健康传播。

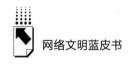

一 深圳市民网络规范行为素养

网络规范行为是指人们在互联网交往和互动过程中的符合社会规范的行为。网络规范是个人在网络空间中开展各项活动应遵循的规则、准则，是社会认可和人们普遍接受的具有一般约束力的行为标准，对引导、规范和约束网民的上网、用网实践，维护社会秩序具有重要意义。网络规范行为素养包含四个维度，分别是网络适度使用、网络理性表达、网络文明互动及网络多元尊重（见图1）。其中，网络适度使用维度是反映个人层面网络成瘾问题的逆向指标。网络规范行为素养考量了从网民个体网络使用层面到网络人际互动层面以及群体互动层面的多维度行为规范素养。

单位：分

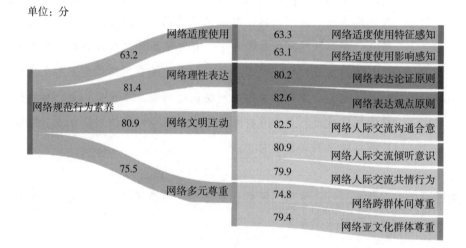

图1 深圳市网民网络规范行为素养指标体系

就结果而言，深圳市网民的网络规范行为素养得分为75.2分。其中，网络适度使用得分为63.2分，网络理性表达得分为81.4分，网络文明互动得分为80.9分，网络多元尊重得分为75.5分（见图2）。深圳市网民的网络规范行为素养总体良好，网民注重在网络空间中发声时的理性表达、与其他网民交流时的文明互动以及对网络其他群体的多元尊重。网民适度使用网络，减少网络成瘾，需要社会各界做出更多努力。

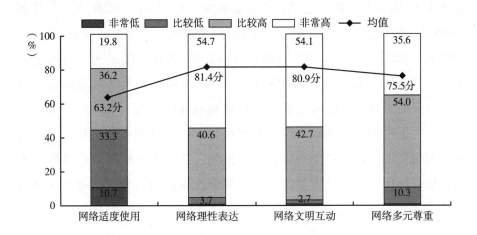

图2 深圳市网民网络规范行为素养各维度得分情况①

（一）网络适度使用

网络适度使用衡量网民在多大程度上合理使用网络。网民应避免由于长时间和习惯性地沉浸在网络时空中，形成难以自我解脱的心理和行为状态。若网民网络适度使用素养较低，则会表现出对互联网产生难以抗拒的使用欲望，同时对上网所带来的快感会产生心理与生理上的依赖②。

在具体测量中，网络适度使用通过网络适度使用特征感知和网络适度使用影响感知两部分进行评估。前者倾向于测量网民在网络使用过程中对自身合理使用行为的感受，例如是否出现了难以自控的上网行为等；后者

---

① 本章节网络规范行为素养各图表中，得分占比少于1%的部分未在图中标识，因而各部分占比总值可能略低于100%。

② 陈侠、黄希庭、白纲：《关于网络成瘾的心理学研究》，《心理科学进展》2003年第3期。

则是衡量个人过度使用网络可能带来的后果或者影响，主要包括网络使用对人际与健康和时间管理的影响。

总体而言，深圳市网民网络适度使用的得分偏低，网络适度使用特征感知为 63.3 分，网络适度使用影响感知为 63.1 分（见图 3），总体得分 63.2 分（见图 2）。其中，30.3% 的网民表示"当减少或停止上网时，会感到心神不安、郁闷或者易激怒"；60.3% 的网民表示其"每次上网实际所花费的时间都比计划的时间要长"。而在评估网络成瘾给自身带来的后果时，40.5% 的网民表示上网影响其身体健康，43.4% 的网民表示会因为上网而熬夜晚睡。深圳市网民对于网络使用有较大依赖，长时间的网络使用可能会产生一定的负面影响。提升网民的网络适度使用效能，提高网民个人生活质量，对于全方位地建设网络文明社会具有显著意义。

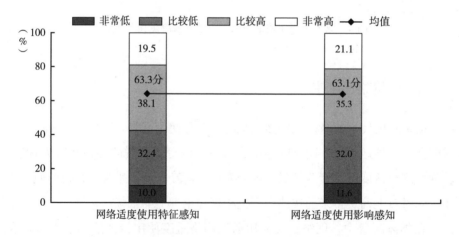

图 3　深圳市网民网络适度使用各维度得分情况

（二）网络理性表达

网络中的非理性表达常被视为群体极化和网络暴力等现象产生的原因。网络理性表达强调网民在通过网络参与社会事件讨论的过程中，应该采取理性、审慎的态度，要以科学、客观的态度对网络事件发表意见。借鉴以前研究者对网民公共讨论理性的测量方式，本报告中的深圳市网民的网络理性表达素养测量包含对网络表达论证原则和网络表达观点原则的评估，分别从过程和结果两个方面指向了网民在网络交流过程中的理性表达程度。

最终，深圳市网民网络理性表达素养得分为 81.4 分（见图 2），其中，网络表达论证原则为 80.2 分，网络表达观点原则为 82.6 分（见图 4）。

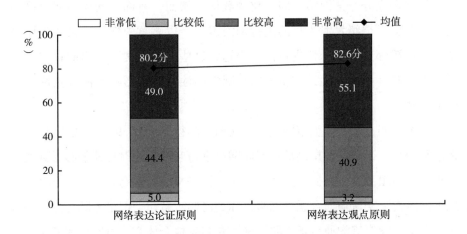

图 4　深圳市网民网络理性表达各维度得分情况

在网络表达论证原则上，接近八成的网友都认同在网络讨论中"实事求是地说话是重要的"并且"会用事实和数据来论证自己的观点"。在进行自身观点表达的时候，更有接近 84% 的网民表示"在事实查明之前，不会轻易在网络上发表意见"，86% 的网民倾向于"从多角度、多方面去认识事实问题"。

非理性表达的突出特征是情绪化，情绪化舆论往往形成一边倒之势，构成社会民意的假象。总体而言，深圳市网民的网络理性表达素养较高，在互联网交流中，深圳市网民在交流互联网议题时倾向基于客观的事实进行对话，而非使用激进的言语。同时，深圳市网民在表达自身观点时更多使用陈

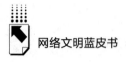

述的方式，注重表达内容的真实性、多样性，但是仍需注重独立思考、判断信息环境和其他网民的观点。

（三）网络文明互动

网络文明互动是网络文明素养的重要组成部分，亦是国外网络文明研究中最核心的元素。通过互动交往，网民可以实现自我成长、形成与维持人际关系、进行社会观点和社会思想的交流等。网络文明用语是网络文明互动的主要成分，是网络空间文化的载体。然而，有部分网民不注重网络交流规范，以情绪发泄为目的进行网络谩骂、以恶意中伤为手段实施网络暴力、以粗鄙言论为个性进行网络表达，这些网络不文明用语的存在对他人具有威胁性和侵入性，使得网络交际空间浊化，也影响风清气正网络空间的培育。

在本次调查中，深圳市网民网络文明互动得分为80.9分（见图2），总体水平较高，说明深圳市网民在互联网中进行互动交流时普遍能够做到通情达理、用心倾听、设身处地为他人着想。网络文明互动有3个细分维度，分别为网络人际交流沟通合意、网络人际交流倾听意识、网络人际交流共情行为。网络人际交流沟通合意主要指网民在与其他个体交流时能够清晰表达且能够考虑对方感受，避免伤害他人，得分为82.5分；网络人际交流倾听意识主要指网民在互联网交流中认真倾听对方发言的意识，得分为80.9分；网络人际交流共情行为主要指网民设身处地为他人着想并且关心和善待不幸者的行为，得分为79.9分（见图5）。

从网络人际交流沟通合意维度来看，大部分深圳市网民能够做到在沟通过程中善解人意，"在网络上与人交谈时，会尽量避免伤害到他人"（86.5%），也能够在互动过程中"考虑对方的感受、反应和心情"（81.9%），并"尽量用其他人能够理解的词句表达自己的意思"（85.6%）。而在网络人际交流倾听意识方面，深圳市网民能够成为优秀的"倾听者"，主要表现在面对不同场景时"能够思考自己该说什么"（81.9%），并且"能够有耐心地倾听对方的意见和看法"（78.3%）。在网络人际交流共情行

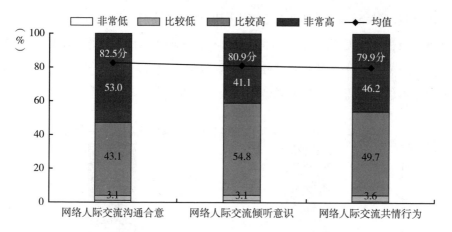

图5　深圳市网民网络文明互动各维度得分情况

为上，大部分深圳市网民能在不符合自己想法的言论和现象上换位思考，并且尊重弱者，心怀善意，具体表现在有近八成的网民认为自己"为了更好地理解网络上的其他人，会试图从他们的角度看事情"，并且"当对网络上的言论、现象感到不满时，会试着站在他们的角度思考一下"。面对不幸的人或事，85.3%的深圳市网民能够做到关心和善待对方，并且有70.2%的人会因此而感到难过，具有同理心。

综上来看，深圳市网民在网络文明互动上的表现良好，进行对话时有较高的倾听意识和沟通意识，但在交流共情方面尚有提升空间。

（四）网络多元尊重

网络多元尊重表现为在不同文化和语言的交汇和交融中能够尊重不一样的观点和文化的发展，避免群体间极端的矛盾和对立、群体歧视与群体偏见现象的发生，体现了网民对网络多元文化的包容和理解。本次调查显示，深圳市网民在网络多元尊重维度上的总体表现为75.5分（见图2），总体表现良好，这说明深圳市网民不仅能够在匿名性的互联网中保持冷静，而且能够以正面、积极的心态面对开放性和流动性极强的多元文化。

网络多元尊重涉及的维度具体可以分为网络跨群体间尊重和网络亚文化

群体尊重。网络跨群体间尊重考察了网民对不同性别、不同地域、不同文化群体的歧视和偏见程度。从实际结果来看，深圳市网民在网络跨群体间尊重和网络亚文化群体尊重上的得分分别为 74.8 分和 79.4 分（见图 6），网络亚文化群体尊重得分稍高于网络跨群体间尊重。

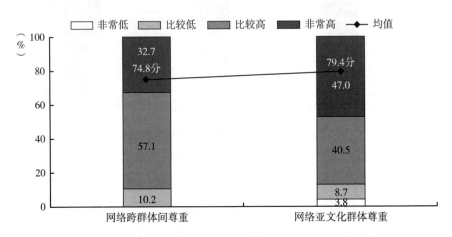

图 6　深圳市网民网络多元尊重各维度得分情况

在具体的测量结果上，深圳市网民在不同文化群体间的尊重与包容上表现较好。绝大多数（85.3%）深圳市网民认同多元化的群体能够为社会的发展带来正向影响，并对于互联网可提供多元文化群体交流的渠道持正面态度（85.6%）。在跨群体间的尊重行为上，90% 左右的网民能够尊重跨群体间的差异。

综上，深圳市网民在网络多元尊重上表现较好，大部分网民能够做到跨群体间的尊重以及亚文化群体尊重，但在行为层面仍有进步空间。

二　深圳市民网络规范行为素养差异性分析

（一）网络规范行为素养的性别差异

在网络规范行为素养上，男性网民和女性网民在每个维度都呈现显著差异。男性网民在网络适度使用（t=2.454，p<0.05）、网络理性表达（t=2.64，p<0.01），以及网络文明互动（t=2.363，p<0.05）上得分均显著高于女性，但在网络多元尊重上，深圳市的女性网民得分显著高于男性网民（t=2.054，p<0.05）（见表1、图7）。

表1　网络规范行为素养的性别差异检验（T-test）

性别	网络适度使用		网络理性表达		网络文明互动		网络多元尊重	
	均值	标准差	均值	标准差	均值	标准差	均值	标准差
男	63.9	18.7	81.9	13.0	81.3	11.2	75.1	12.5
女	62.3	16.5	80.7	12.3	80.4	10.7	76.0	11.1
t	2.454*		2.64**		2.363*		2.054*	

注：*p<0.05，**p<0.01。

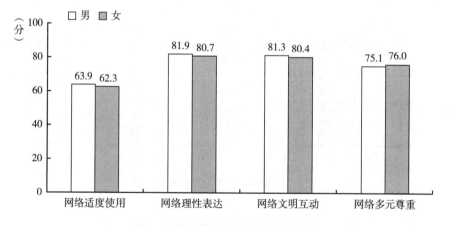

图7　网络规范行为素养的性别差异

（二）网络规范行为素养的年龄差异

本报告将网民分成14~19岁、20~29岁、30~39岁、40~49岁和50岁及以上5个年龄组，并对其在网络规范行为素养各个细分维度上进行差异性检验。结果显示，除了在网络多元尊重上未表现出显著差异，不同年龄组的深圳市网民在其他维度上均产生了显著差异（见表2、图8）。

表2 网络规范行为素养的年龄差异检验（ANOVA）

年龄	网络适度使用		网络理性表达		网络文明互动		网络多元尊重	
	均值	标准差	均值	标准差	均值	标准差	均值	标准差
14~19岁	61.3	15.9	76.2	13.5	76.3	11.8	75.2	10.5
20~29岁	62.1	17.3	79.8	13.3	79.3	11.6	75.1	11.8
30~39岁	64.7	18.4	84.0	11.6	83.4	9.7	76.5	12.2
40~49岁	64.4	18.2	81.6	12.4	81.3	10.2	75.5	12.2
50岁及以上	62.0	17.9	83.4	11.2	82.4	10.5	74.6	12.2
F	4.249**		28.317***		32.703***		2.329	

注：** $p < 0.01$，*** $p < 0.001$。

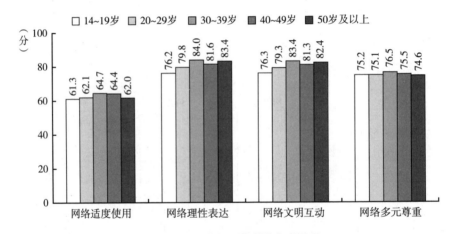

图8 网络规范行为素养的年龄差异

在网络适度使用（$F = 4.249$，$p < 0.01$）方面，得分从高到低排列分别是30~39岁深圳市网民（64.7分）、40~49岁深圳市网民（64.4分）、20~29岁深圳市网民（62.1分）、50岁及以上深圳市网民（62.0分）、14~19岁深圳市网民（61.3分）。其中，14~19岁深圳市网民得分显著低于30~39岁、40~49岁、50岁及以上深圳市网民。这说明随着年龄的增长，深圳市网民的网络适度使用素养在提高，中年网民有着最高的网络适度使用素养。

网络文明互动（$F = 32.703$，$p < 0.001$）和网络理性表达（$F = 28.317$，$p <$

0.001）在年龄上均产生了显著差异，年龄低的深圳市网民得分显著低于年龄高的深圳市网民，年长的网民在网络中的文明互动素养较高。但网络多元尊重并未在年龄上产生显著差异（F=2.329，p>0.05），说明整体深圳市网民的多元尊重水平较均衡。

（三）网络规范行为素养的受教育程度差异

根据深圳市网民的数量分布，本报告将受教育程度中网民数量较少的类别进行合并，最终选定了"初中及以下""高中/中专""大专""本科""研究生及以上"5个类别。差异性分析结果发现，网民的网络适度使用在各学历组均无显著差异（F=0.437，p>0.05），说明网络沉迷现象以及不同程度的网络过度使用后果在不同学历网民身上均无显著差异（见表3、图9）。

表3　网络规范行为素养的受教育程度差异检验（ANOVA）

受教育程度	网络适度使用		网络理性表达		网络文明互动		网络多元尊重	
	均值	标准差	均值	标准差	均值	标准差	均值	标准差
初中及以下	63.5	18.9	74.1	17.8	75.6	15.5	71.6	12.7
高中/中专	63.6	17.3	78.0	15.7	79.0	13.3	73.9	11.8
大专	62.3	17.2	80.0	13.1	79.7	11.3	73.7	11.7
本科	63.4	18.1	82.7	11.4	81.9	9.9	76.8	11.8
研究生及以上	63.1	16.5	82.6	10.9	81.2	10.6	74.9	11.6
F	0.437		20.615 ***		13.109 ***		12.434 ***	

注：*** $p < 0.001$。

但深圳市网民的网络理性表达（F=20.615，$p < 0.001$）、网络文明互动（F=13.109，$p < 0.001$）和网络多元尊重（F=12.434，$p < 0.001$）在受教育程度上均存在显著差异（见表3、图9）。随着受教育程度的提升，网民的网络理性表达、网络文明互动得分呈现上升的状态，并在学历为本科的网民群体达到峰值，分别为82.7分和81.9分。类似的情况在网络多元尊重维度上也有所表现，本科学历的网民得分显著高于其他学历的网民。

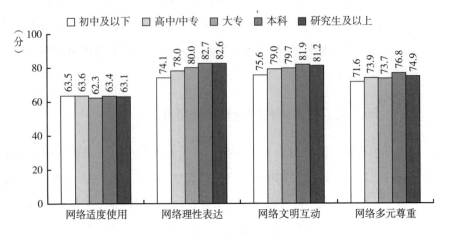

图9 网络规范行为素养的受教育程度差异

（四）网络规范行为素养的月收入差异

月收入不同的深圳市网民在网络适度使用（F = 6.835，p < 0.001）、网络理性表达（F = 21.642，p < 0.001）、网络文明互动（F = 26.481，p < 0.001）和网络多元尊重（F = 2.819，p < 0.05）上均存在显著差异（见表4、图10）。月收入在15000~19999元的网民表现出最高的网络理性表达（84.9分）和网络文明互动素养（83.9分），对比而言收入在3000元以下的网民则有着较低的网络规范行为素养，在网络适度使用、网络理性表达和网络文明互动上较其他更高收入的组别更低。

但网民的网络多元尊重和网络适度使用在网民的不同收入水平上表现出细微的差别。以网络多元尊重为例，最好的表现呈现在收入在10000~14999元的网民（77.0分）上，但在其他维度之间并未出现显著差异。在网络适度使用上，月收入在3000元以下的网民表现出更严重的网络沉迷。

（五）网络规范行为素养的触网年限差异

从接触互联网的时间（网龄）上看，除了网络适度使用，深圳市网民

表4　网络规范行为素养的月收入差异检验（ANOVA）

月收入	网络适度使用		网络理性表达		网络文明互动		网络多元尊重	
	均值	标准差	均值	标准差	均值	标准差	均值	标准差
3000 元以下	61.0	15.6	77.5	12.5	77.0	11.4	75.1	10.5
3000~5999 元	61.1	16.5	80.0	13.1	79.8	11.1	74.7	10.8
6000~9999 元	63.5	18.5	81.9	12.6	81.3	10.6	75.2	12.5
10000~14999 元	65.6	18.7	83.7	12.3	83.2	10.4	77.0	12.8
15000~19999 元	65.1	18.5	84.9	10.5	83.9	9.3	76.0	13.3
20000 元及以上	66.0	18.8	84.7	12.1	83.9	10.7	76.3	11.6
F	6.835***		21.642***		26.481***		2.819*	

注：* $p<0.05$，*** $p<0.001$。

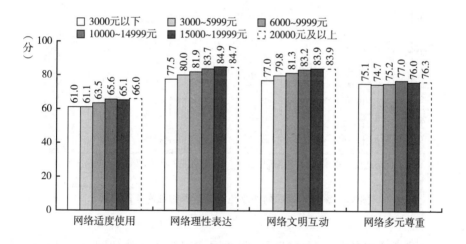

图10　深圳市网民网络规范行为素养的月收入差异

的网络理性表达（$F=17.800$，$p<0.001$）、网络文明互动（$F=13.094$，$p<0.001$）和网络多元尊重（$F=4.796$，$p<0.001$）在触网年限上均存在显著差异（见表5、图11）。

表5　网络规范行为素养的触网年限差异检验（ANOVA）

触网年限	网络适度使用		网络理性表达		网络文明互动		网络多元尊重	
	均值	标准差	均值	标准差	均值	标准差	均值	标准差
5年以内（含5年）	62.1	17.4	78.8	14.4	78.7	12.7	74.1	12.2
5~10年（含10年）	63.0	17.6	80.8	12.3	80.5	10.5	75.6	11.6
10~15年（含15年）	64.4	18.2	82.1	12.6	81.5	10.4	76.6	11.7
15年以上	62.5	17.6	84.7	11.4	83.1	11.1	75.0	12.8
F	2.164		17.800 ***		13.094 ***		4.796 ***	

注：*** p<0.001。

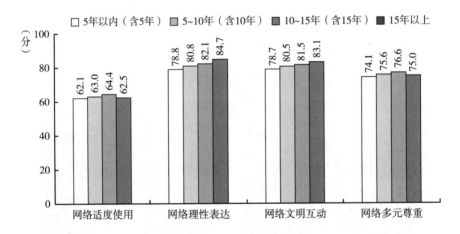

图11　深圳市网民网络规范行为素养的触网年限差异

从分析结果来看，不同触网年限的网民都存在类似的网络适度使用问题。而在网络理性表达和网络文明互动上，不同触网年限的网民呈现较为明显的差异。使用互联网时间较长的网民在网络空间中表现出更加理性的表达和文明的互动。在这两个方面，接触互联网时间超过15年的网民得分最高，分别为84.7分（网络理性表达）和83.1分（网络文明互动），最低则是接触互联网5年以内（含5年）的网民，分别为78.8分（网络理性表达）和78.7分（网络文明互动）。而在网络多元尊重维度上，网龄在5年以内（含

5年）的网民（74.1分）的得分相对较低，显著低于拥有5~10年（含10年）网龄（75.6分）与10~15年（含15年）网龄（76.6分）的网民。

（六）网络规范行为素养的地区差异

生活在深圳不同地区的网民在网络理性表达（F=2.777，p<0.01）、网络文明互动（F=2.535，p<0.05）上呈现显著差异（见表6、图12）。在网络理性表达方面，福田区（83.0分）和罗湖区（83.0分）的网民得分显著高于其他各区，紧接着是南山区（82.2分）及宝安区（81.9分），光明区网民得分稍有落后，为79.9分。

表6　网络规范行为素养的地区差异检验（ANOVA）

地　区	网络适度使用		网络理性表达		网络文明互动		网络多元尊重	
	均值	标准差	均值	标准差	均值	标准差	均值	标准差
宝安区	64.0	18.4	81.9	12.8	81.3	11.1	76.1	12.0
南山区	63.4	17.7	82.2	12.0	81.2	10.2	75.7	12.3
龙岗区	63.8	17.6	80.6	12.8	80.4	10.9	75.3	11.6
龙华区	62.6	17.8	80.4	13.0	79.6	11.2	75.2	11.7
福田区	61.7	17.4	83.0	11.9	82.2	11.1	75.3	12.4
光明区	61.6	17.2	79.9	13.1	80.7	10.1	74.6	11.9
罗湖区	61.6	16.6	83.0	11.7	82.5	11.1	74.9	12.4
其他区	63.7	18.0	80.2	13.7	80.1	11.9	76.6	11.2
F	1.163		2.777**		2.535*		0.801	

注：* p<0.05，** p<0.01。

在网络文明互动上，罗湖区（82.5分）的网民得分显著高于其他各区，福田区（82.2分）则位列其次。对比八个区域，龙华区网民在此维度的表现略微落后，为79.6分。

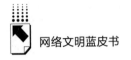
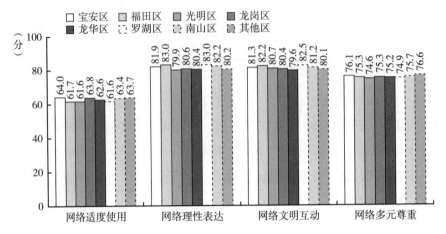

图 12 深圳市网民网络规范行为素养的地区差异

三 分析与总结

总体而言，深圳市网民的网络规范行为素养较高，网民在网络空间中的网络理性表达得分为 81.4 分，网络文明互动得分为 80.9 分，网络多元尊重得分为 75.5 分；而网民的网络适度使用得分相对较低，为 63.2 分。

网络适度使用是当前深圳市网民生活中的重要问题，并且不同的年龄组别在网络适度使用上产生了差异。深圳市网民的网络依赖甚至网络沉迷，可能源自当前的媒介基础设施的发展。一方面，从深圳市网民对不同互联网应用的使用来看，网络支付、网络购物、互联网集成平台甚至学习平台等更显性地融入了深圳市网民的生活，现实生活与网络的紧密挂钩，客观上带来了网络使用时间的增加。另一方面，借助算法驱动的推荐系统，提高了用户的使用黏性，也在无形中增加了网民的网络依赖，对于尚未形成成熟心智的青少年人群而言尤其如此。网络过度使用虽然并不一定意味着网络成瘾或网络沉迷，但是使用时间增加带来的"挤占休闲时间""熬夜减少睡眠时间"等对身体健康的影响确须引起各方的高度重视。

深圳市网民的网络理性表达和网络文明互动在网络规范行为素养的各维度中得分较高。深圳市网民在网络空间中与其他网民进行意见交换或探讨时，会关注和倾听他人的发言、认真理解他人的处境，以及注意自身的发言。大部分深圳市网民秉持着理性的态度进行交流，这些网络文明交流互动素养也体现在深圳城市气质中，助力了社会治理。深圳市网民的理性表达和文明互动能够在一定程度上正向作用于深圳市新冠肺炎疫情防控工作。如2022 年初，在深圳经历严峻疫情之时，深圳市网民用良好的网络交流素养和理性沟通的姿态，助力深圳市顺利渡过难关。

在网络多元尊重的维度上，深圳城市的"包容"特征亦呈现在深圳市网民的网络空间表达中。深圳市是中国最大的移民城市之一，"来了就是深圳人"的包容态度吸引了来自全国各地的民众落地生根。在多元群体尊重上，深圳市网民也对来自不同地域的群体表现出较大的包容。

整体而言，深圳市网民的网络规范行为素养良好；强化网民网络适度使用的效能，进一步倡导理性表达、文明互动和多元尊重，将有助于提高深圳市网民的网络规范行为素养，让网络文明之花更好地在深圳大地上绽放。

B.6
2022年深圳市民网络自律及监督素养调查报告

汪鸣卉 罗炼炼 梁力丹*

摘　要： 网络自律及监督素养是保障网络生态文明的底线性素养，主要包含网络空间安全自律素养、网络失范行为自律素养、网络不良内容监督素养三大维度。通过线上线下调研结果，本报告计算得出深圳市民的网络自律及监督素养总分为84.4分。其中，网络空间安全自律素养得分为82.7分，网络失范行为自律素养得分为87.6分，网络不良内容监督素养得分为83.0分。本报告发现，深圳市网民拥有较高的网络自律及监督素养，对各类危害网络空间的技术犯罪、网络失范行为，如网络谣言传播、网络暴力、网络诈骗具备良好的自律意识，对网络不良内容的举报监督意愿也较强烈。本报告认为，提升网民网络自律及监督素养，能够鼓励网民积极参与网络生态建设，打造更为天朗气清的网络空间。

关键词： 网络自律及监督素养　网络空间安全自律　网络失范行为自律　网络不良内容监督

网络自律及监督素养指的是网民对网络空间生态中的技术犯罪、失范行为等各类不良行为的自律素养以及进行监督举报的能力。这一素养不仅是保

---

* 汪鸣卉，深圳大学传播学院研究助理、博士研究生，研究方向为网络新媒体、网络与心理；罗炼炼，深圳大学传播学院硕士研究生，研究方向为网络新媒体、人机互动；梁力丹，深圳大学传播学院硕士研究生，研究方向为网络新媒体、健康传播。

障网络生态文明的底线性素养，更是网络空间生态文明治理的核心。本报告从技术安全自律、失范行为约束、不良内容监督举报三个方面进行评估，分别将其命名为网络空间安全自律素养、网络失范行为自律素养、网络不良内容监督素养（见图1）。

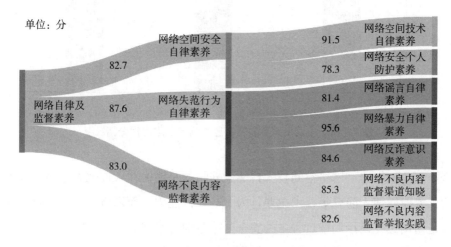

单位：分

图1　深圳市网民网络自律及监督素养指标体系

一　深圳市民网络自律及监督素养

网络自律及监督素养包括三个维度，即网络空间安全自律素养、网络失范行为自律素养、网络不良内容监督素养，深圳市网民得分均值分别为82.7分、87.6分和83.0分（见图2）。其中，83.5%的网民有较高的网络空间安全自律素养，99.2%的网民有较高的网络失范行为自律素养，96.6%的网民有较高的网络不良内容监督素养。

（一）网络空间安全自律素养

网络空间安全自律素养指的是网民对各类破坏网络安全的技术犯罪行为的自律素养。在本次调查中，测量维度包括网络空间技术自律素养与网络安

157

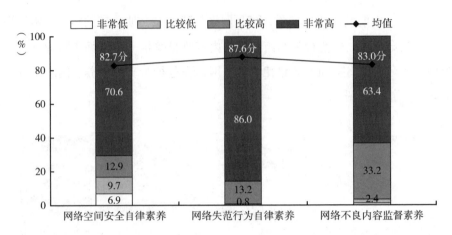

图2 深圳市网民网络自律及监督素养各维度得分情况①

全个人防护素养。网络空间技术自律素养指的是网民在入侵他人电脑、传播病毒或泄露他人隐私等技术犯罪行为上的自律能力，而网络安全个人防护素养是指网民在使用网络过程中的安全防范意识与水平。

在过去一年，深圳市网民的网络空间安全自律素养良好，总体得分均值为82.7分（见图2）。具体而言，在网络空间技术自律层面，深圳市网民的总体得分均值为91.5分（见图3），96.5%的网民的网络空间技术自律素养较高，普遍不曾入侵他人电脑设备或传播病毒、泄露他人隐私。深圳市网民在网络安全个人防护层面的平均得分为78.3分，74.8%的网民的网络安全个人防护素养较高。其中，有85.1%的网民在扫描来源不明的二维码或打开来源不明的链接前，会有意识地鉴别其安全性，77.4%的网民会有意识地检查电脑安全状况，76.3%的网民在连接公共Wi-Fi时，会谨慎考量其安全性，此外，会为不同的网络账户设置不同密码的网民也占了74.4%。总体来看，深圳市网民的网络空间技术自律素养保持在较高的水平，但在网络安全个人防护层面还要继续加强。

---

① 本章节网络自律及监督素养各图表中，得分占比少于1%的部分未在图中标识，因而各部分占比总值可能略低于100%。

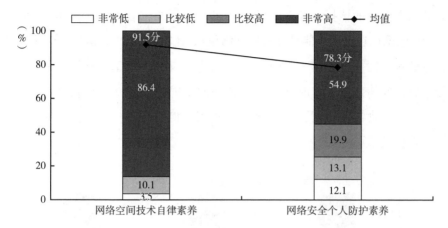

图3　深圳市网民网络空间安全自律素养各维度得分情况

（二）网络失范行为自律素养

网络失范行为自律素养指的是网民对网络中出现的各类失范行为的自律水平。本次调查针对网络空间中较为典型的网络谣言、网络暴力、网络诈骗问题进行评估，具体测量指标包括网络谣言自律素养、网络暴力自律素养和网络反诈意识素养。网络谣言自律素养指的是网民在网络谣言传播的各个环节，如生产、传播、识别、抵抗中的自律水平，网络暴力自律素养是指网民在网络暴力，如网络语言暴力、网络性骚扰、网络欺凌等行为上的自律水平，网络反诈意识素养则是指网民对相关反诈渠道的认知水平。

调查显示，深圳市网民的网络失范行为自律素养平均得分为87.6分（见图2），总体得分较高。在网络谣言自律素养层面，深圳市网民的总体得分均值为81.4分（见图4），其中94.5%的网民具备较高的网络谣言自律素养。具体而言，在网络谣言的生产和传播环节，大多数网民能做到不捏造消息、不传播谣言。86.8%的网民不认同"自己曾有意或者无意地针对社会事件或话题捏造了一些信息"。而值得注意的是，尽管67.2%的深圳市网民表示他们未在网络公开平台如微博等分享谣言，但仍有52.4%的网民表示他们曾与家人和朋友分享过一些网络谣言，这说明相比于公开的社交媒体，熟人关系中谣言的传播现象是更为突出的。在网络谣言的识别和抵抗环节，79.3%的网民在遇到可能是谣言的网络信息时"会搜索相关信息，交叉检验信息的真实性"；76.9%的网民"会考量信息来源"；77.2%的网民"曾经通过官方媒体报道、政府的官方通报和网络辟谣平台（如微信辟谣助手）确认信息的真实性"，仅有57.7%的网民表示他们会在不实信息下面留下评论，指出其错误。

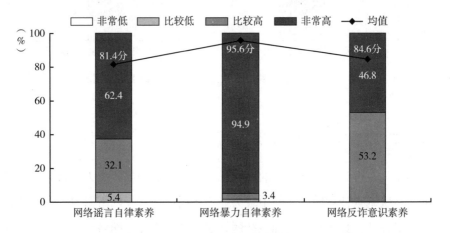

图4 深圳市网民网络失范行为自律素养各维度得分情况

在网络暴力自律层面，深圳市网民的总体得分均值为95.6分（见图4），其中有94.9%的网民具有非常高的网络暴力自律素养，3.4%的网民具有比较高的网络暴力自律素养。具体来看，91.4%的网民从未"通过人肉搜索的方式，将某人的真实信息公布，并对其进行人身攻击"；88.1%的网民从未"在网络上散布有关别人的谣言，以损害其声誉"；78.3%的网民从未"在网络上嘲笑别人的外表"。深圳市网民普遍能够遵纪守法，实施网络语言暴力、网络性骚扰、网络孤立行为的频次较低。如若遭遇网络暴力，69.4%的网民倾向于"保留证据，向警方报案"，65.4%的网民倾向于"用法律手段维护自己的权益"，大部分网民能够诉诸合法、有效的解决途径，但也有11.3%的网民选择"隐忍，不做出任何回应"，13.7%的网民选择"怒骂、责备网络暴力者"。这说明相关部门还需引导网民采纳正确的应对网络暴力的方式，拒绝"以暴制暴"，鼓励受害者及时寻求帮助，谨防助长新一轮网络暴力。

在网络反诈意识层面，深圳市网民的总体得分均值为 84.6 分（见图 4），网民整体的网络反诈意识较高，表现在对反诈服务渠道的知晓程度较高，且应对网络诈骗的措施较为合理。在各种反诈服务渠道中，"国家反诈中心" App 的知晓率最高，达 93.9%；其次是国家反诈中心与工信部反诈中心预警短信（12381），知晓率达 61.0%；再次是防诈骗专线"96110"，知晓率达 51.9%。遭遇网络诈骗后倾向于向监管部门举报的网民占 75.3%，倾向于向公安部门报警的网民占 73.8%。此外有近六成（57.6%）的网民倾向于向网站投诉，超四成的网民倾向于告诉家人、朋友与同事。这也说明深圳市反诈服务渠道宣传取得一定成效。

整体而言，深圳市网民对各类网络失范行为的认识正确，且自律水平较高，上网时普遍能遵守法律法规，不实施造谣传谣、网络欺凌等违法犯罪行为。

（三）网络不良内容监督素养

网络不良内容监督素养指的是网民针对各类网络不良现象进行监督与举报的素养，包括两个细分维度，分别是网络不良内容监督渠道知晓和网络不良内容监督举报实践。网络不良内容监督渠道知晓是指网民对各个监督举报渠道的知晓程度，网络不良内容监督举报实践是指网民对各类网络不良内容、网络乱象的监督举报意愿。课题组结合当前网络空间中出现的各类不良内容现象进行评估测量。

网络不良内容监督素养得分均值为 83.0 分（见图 2），整体而言得分较高。在网络不良内容监督渠道知晓层面，深圳市网民总体得分均值为 85.3 分（见图 5），网民对网络不良内容监督举报渠道的整体知晓程度较高，在本次调查中，几乎全体网民都知道至少一个监督举报的渠道。其中，对中央网信办违法和不良信息举报中心的知晓率最高，达 83.8%，其次是社交媒体平台辟谣助手、社交媒体平台上的投诉入口，其知晓率分别为 65.5% 和 56.9%。

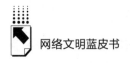

在网络不良内容监督举报实践层面，深圳市网民总体得分均值为82.6分（见图5），96.2%的网民对网络不良内容实施监督举报的意愿较高，近九成网民知道如何使用社交媒体平台的"投诉功能"进行举报，并且愿意在自己或他人遭遇网络诈骗时进行举报或报案，或是协助社交媒体平台标记违法和不良信息。

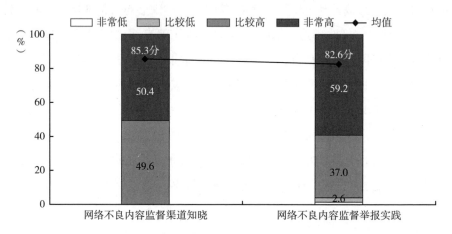

图5 深圳市网民网络不良内容监督素养各维度得分情况

整体而言，深圳市网民的网络不良内容监督素养较高，不仅对监督举报渠道的知晓程度较高，而且有较强的意愿使用监督举报渠道，维护清朗和谐的网络空间。

二 深圳市民网络自律及监督素养差异性分析

（一）网络自律及监督素养的性别差异

深圳市网民的网络空间安全自律素养（t=0.166，p>0.05）、网络失范行为自律素养（t=-0.114，p>0.05）和网络不良内容监督素养（t=-0.793，p>0.05）在性别上不存在显著差异（见表1、图6）。

表1　网络自律及监督素养的性别差异检验（T-test）

性别	网络空间安全自律素养		网络失范行为自律素养		网络不良内容监督素养	
	均值	标准差	均值	标准差	均值	标准差
男	82.7	22.2	87.7	7.7	82.7	12.0
女	82.6	21.4	87.7	7.8	83.1	11.1
t	0.166		−0.114		−0.793	

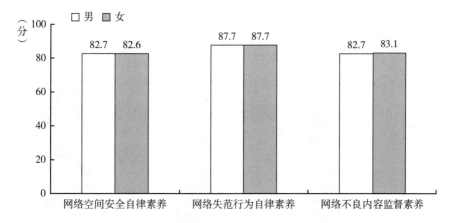

图6　深圳市网民网络自律及监督素养的性别差异

（二）网络自律及监督素养的年龄差异

深圳市网民的网络失范行为自律素养（$F = 3.829$，$p < 0.05$）和网络不良内容监督素养（$F = 4.236$，$p < 0.05$）在年龄上存在显著差异，网络空间安全自律素养（$F = 1.565$，$p > 0.05$）在年龄上不存在显著差异（见表2、图7）。

表2　网络自律及监督素养的年龄差异检验（ANOVA）

年龄	网络空间安全自律素养		网络失范行为自律素养		网络不良内容监督素养	
	均值	标准差	均值	标准差	均值	标准差
14~19岁	85.5	19.0	86.7	8.6	81.0	12.7
20~29岁	82.4	21.7	87.4	8.3	82.4	12.5

年龄	网络空间安全自律素养		网络失范行为自律素养		网络不良内容监督素养	
	均值	标准差	均值	标准差	均值	标准差
30~39岁	82.0	23.0	87.6	7.6	83.2	10.7
40~49岁	83.5	20.9	88.7	6.8	83.9	10.8
50岁及以上	82.4	22.2	88.4	6.4	84.3	10.6
F	1.565		3.829*		4.236*	

注：* $p < 0.05$。

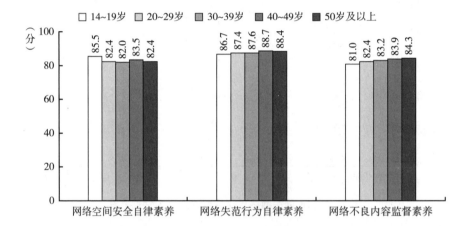

图7　深圳市网民网络自律及监督素养的年龄差异

关于网络失范行为自律素养，40~49岁（88.7分）和50岁及以上（88.4分）的深圳市网民具有相对较高的得分，14~19岁（86.7分）和20~29岁（87.4分）的深圳市网民具有相对较低的得分。可以看出，中年群体对网络中的谣言、暴力问题有更强的自律意识。

除此之外，在网络不良内容监督素养上，40~49岁（83.9分）和50岁及以上（84.3分）的深圳市网民也具有较高的得分，而14~19岁（81.0分）和20~29岁（82.4分）的深圳市网民具有相对较低的得分。可以看出，对于网络不良内容的监督举报，中年群体具备更强的主人翁意识，而作为"数字原住民"的年轻群体却在这方面有所欠缺。

（三）网络自律及监督素养的受教育程度差异

深圳市网民的网络空间安全自律素养（F=2.643，p<0.05）、网络失范行为自律素养（F=3.120，p<0.05）和网络不良内容监督素养（F=8.059，p<0.001）在受教育程度上均存在显著差异（见表3、图8）。

表3　网络自律及监督素养的受教育程度差异检验（ANOVA）

受教育程度	网络空间安全自律素养		网络失范行为自律素养		网络不良内容监督素养	
	均值	标准差	均值	标准差	均值	标准差
初中及以下	83.0	20.5	87.1	8.6	79.5	15.3
高中/中专	79.4	23.4	86.8	8.3	80.9	13.9
大专	82.4	21.9	87.1	7.8	81.9	12.4
本科	83.5	21.4	88.1	7.7	83.7	10.6
研究生及以上	82.1	22.8	87.4	6.9	83.0	11.1
F	2.643*		3.120*		8.059***	

注：* p<0.05，*** p<0.001。

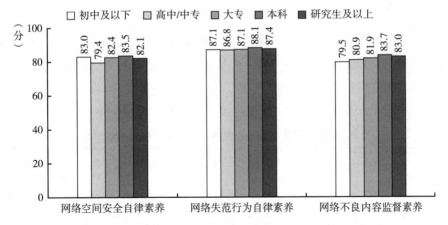

图8　深圳市网民网络自律及监督素养的受教育程度差异

关于网络空间安全自律素养，本科学历（83.5 分）的深圳市网民具有相对较高的得分，高中/中专学历（79.4 分）的深圳市网民具有相对较低的得分。具体而言，本科学历的深圳市网民在"扫描来源不明的二维码或打开来源不明的链接前，有意识地鉴别其安全性""有意识地检查电脑安全状况""在连接公共 Wi-Fi 时，谨慎考量其安全性""为不同的网络账户设置不同的密码"等网络安全防范行为上具备更强的执行力。

关于网络失范行为自律素养，本科学历（88.1 分）和研究生及以上学历（87.4 分）的深圳市网民具有相对较高的得分，但整体得分差异并不大，都保持在 86 分以上。

关于网络不良内容监督素养，其整体的得分差异最为显著。本科学历（83.7 分）的深圳市网民具有相对较高的得分，初中及以下学历（79.5 分）的深圳市网民的得分相对较低。具体而言，本科学历的深圳市网民对于网络空间中出现的技术犯罪、网络谣言、网络暴力等问题具备更强的举报实践意愿，同时他们也更加熟悉如何运用社交媒体平台和网站的投诉功能进行举报。

（四）网络自律及监督素养的月收入差异

深圳市网民的网络空间安全自律素养（$F = 8.347$，$p < 0.001$）和网络不良内容监督素养（$F = 2.770$，$p < 0.05$）在月收入水平上存在显著差异，网络失范行为自律素养（$F = 0.146$，$p > 0.05$）在月收入水平上不存在显著差异（见表4、图9）。

表 4　网络自律及监督素养的月收入差异检验（ANOVA）

月收入	网络空间安全自律素养		网络失范行为自律素养		网络不良内容监督素养	
	均值	标准差	均值	标准差	均值	标准差
3000 元以下	85.8	19.8	87.6	7.9	82.6	11.8
3000~5999 元	85.1	19.4	87.8	7.6	82.2	12.4
6000~9999 元	82.3	21.6	87.6	7.7	82.7	11.3
10000~14999 元	80.1	24.2	87.9	7.8	83.0	11.5

续表

月收入	网络空间安全自律素养		网络失范行为自律素养		网络不良内容监督素养	
	均值	标准差	均值	标准差	均值	标准差
15000~19999 元	77.1	25.0	87.7	7.9	85.2	9.6
20000 元及以上	82.2	22.6	87.6	7.8	84.7	11.0
F	8.347 ***		0.146		2.770 *	

注：* p<0.05，*** p<0.001。

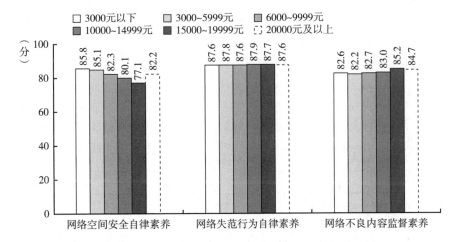

图9 深圳市网民网络自律及监督素养的月收入差异

关于网络空间安全自律素养，本次调查发现，月收入在 3000 元以下的深圳市网民得分（85.8 分）较高，月收入为 15000~19999 元的深圳市网民得分（77.1 分）较低。这可能与月收入较低人群网络使用不深入，未卷入一些网络安全问题有关。

关于网络不良内容监督素养，月收入为 15000~19999 元的深圳市网民具有相对较高的得分（85.2 分），月收入在 3000~5999 元和 3000 元以下的深圳市网民的得分相对较低，分别为 82.2 分和 82.6 分。具体而言，月收入较高的深圳市网民在各类网络不良现象如网络谣言、网络暴力等发生时，具有更强的举报意愿。

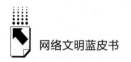
（五）网络自律及监督素养的触网年限差异

深圳市网民的网络空间安全自律素养（F=3.585，p<0.05）、网络失范行为自律素养（F=20.578，p<0.001）和网络不良内容监督素养（F=24.681，p<0.001）在触网年限上均存在显著差异（见表5、图10）。

表5　网络自律及监督素养的触网年限差异检验（ANOVA）

触网年限	网络空间安全自律素养		网络失范行为自律素养		网络不良内容监督素养	
	均值	标准差	均值	标准差	均值	标准差
5年以内（含5年）	81.3	22.1	85.9	8.4	79.9	12.7
5~10年（含10年）	82.1	21.9	87.2	8.0	82.6	11.6
10~15年（含15年）	84.7	21.1	88.6	6.9	83.2	11.4
15年以上	81.7	22.8	89.4	7.4	86.6	9.9
F	3.585*		20.578***		24.681***	

注：* p<0.05，*** p<0.001。

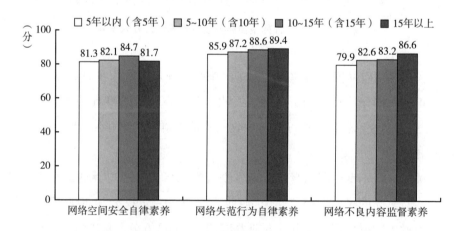

图10　深圳市网民网络自律及监督素养的触网年限差异

关于网络空间安全自律素养，触网 10~15 年（含 15 年）（84.7 分）的深圳市网民具有相对较高的得分。具体而言，老网民的网络安全个人防护素养更高，对于点击网络链接和扫描二维码有更强的个人防范意识。

关于网络失范行为自律素养，深圳市网民的得分整体上呈现触网年限越长，得分越高的趋势，触网 15 年以上（89.4 分）的深圳市网民具有较高的得分。可以看出老网民对于各类网络失范行为具备更强的自律意识，他们能够意识到网络谣言、网络暴力行为对于网络空间的危害性，并较好地约束自身的行为。

关于网络不良内容监督素养，触网 15 年以上（86.6 分）的深圳市网民依然具有相对较高的得分。可以看出，老网民对于网络空间中的不良内容具有更强的举报实践意愿。与此同时，由于触网年限较长，他们也更熟悉不良信息的举报流程。

（六）网络自律及监督素养的地区差异

深圳市网民的网络不良内容监督素养（F=2.133，p<0.05）在地区上存在显著差异，网络空间安全自律素养（F=1.054，p>0.05）和网络失范行为自律素养（F=0.922，p>0.05）在地区上不存在显著差异（见表6、图11）。

表6　网络自律及监督素养的地区差异检验（ANOVA）

地　区	网络空间安全自律素养		网络失范行为自律素养		网络不良内容监督素养	
	均值	标准差	均值	标准差	均值	标准差
南山区	81.0	22.6	88.1	7.9	83.9	10.3
福田区	81.9	23.1	87.4	8.8	82.7	11.9
宝安区	83.4	21.6	88.0	7.2	83.1	11.2
龙岗区	83.0	21.2	87.4	7.7	82.0	12.3
龙华区	83.8	21.5	87.8	7.5	83.3	11.9
罗湖区	83.1	21.0	87.2	9.1	82.6	13.9
光明区	80.7	23.2	88.2	7.0	84.8	10.0
其他区	82.1	22.2	87.0	7.7	81.4	11.2
F	1.054		0.922		2.133*	

注：* p<0.05。

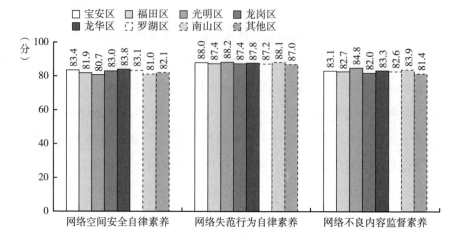

图11　深圳市网民网络自律及监督素养的地区差异

关于网络不良内容监督素养，光明区（84.8分）的网民有相对较高的得分，深圳其他区包括盐田区、大鹏新区、坪山区、深汕特别合作区（81.4分）的网民的得分相对较低。但整体的地区差异不大，未来在提升深圳市网民不良内容监督素养上，需要各地区共同重视，共同努力营造清朗的网络空间。

三　分析与总结

本次调查在三个方面分别设置题项进行评估。其中，深圳市网民网络空间安全自律素养得分为82.7分，网络失范行为自律素养得分为87.6分，网络不良内容监督素养得分为83.0分。可以看出，深圳市网民整体的网络自律及监督素养较高，网民对各类危害网络空间的技术犯罪、网络失范行为具备较高的自律意识和举报监督实践意愿。

具体而言，网民普遍不曾实施违法行为，能够坚决抵制各类触及法律底线的违法犯罪行为（如危害网络安全、生产与传播网络谣言、实施网络暴力与网络诈骗等），拥有较强的自律能力。同时，深圳市网民在面对网络诈骗、网络暴力等行为时，整体上能够选择较为科学的方式应对，并自觉进行举报。

在网络空间安全自律层面，深圳市网民的网络安全防范意识较强，遭遇网络安全问题的网民比重较低，但个人隐私泄露问题仍是当前网络信息安全面临的重大挑战。同时，在网民所反馈的其接触的不良信息内容中，虚假广告宣传信息最为突出。

在网络谣言层面，深圳市网民整体上拥有较高的自律水平，大多数网民不存在捏造谣言、传播谣言的行为，需要注意的是谣言传播问题在熟人关系中相对严重一些。但总体上深圳市网民能够认识到"互联网不是法外之地"，对谣言的识别与抵抗能力整体也处于中等偏上水平。

在网络暴力层面，深圳市网民的网络自律素养较高，表现为遭遇网络暴力的网民占比较低，且几乎不存在实施网络暴力的行为；除此之外，深圳市网民的网络维权意识较强，遭遇网络暴力时倾向选择的维权行为较为科学合理。

在网络诈骗层面，深圳市网民对反诈服务渠道的知晓率整体较高，"国家反诈中心"App的知晓率最高；网民应对网络诈骗的措施整体较为合理。

在不良内容监督举报层面，深圳市网民对网络不良内容实施监督举报的意愿整体较强，对监督举报渠道的知晓率也较高。

尽管整体上网民的网络自律及监督素养处于较高的水平，但未来还存在进一步改进与完善的空间。

首先，在网络空间安全的个人防护上，深圳市网民具体的防范行为需要进一步加强。例如，在连接公共Wi-Fi和设置网络账户密码时要做到更加警惕，以应对个人隐私泄露的风险。

其次，在网络谣言自律层面，熟人圈子的谣言传播现象较为突出，因此网民在使用网络进行信息传播时不仅需要提升自身的识别能力，也要注意在转发信息之前加强核实，以避免"谣言跑得比真相快"的现象出现。

再次，在网络暴力自律层面，尽管深圳市网民的网络暴力自律素养较高，但进一步的调查也发现有部分网民应对网络暴力的方式欠缺合理性。未

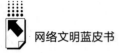
来的网络法治宣教需要重点关注网络暴力的预防和应对方式，提升网民合理维权的意识。

最后，在不良内容的监督举报实践层面，深圳市网民不仅对监督举报渠道的知晓率较高，对网络不良内容实施监督举报的意愿整体也较强。在今后的宣传教育中应当保持对网民参与监督举报的提倡，鼓励更多网民参与网络空间建设，为打造更好的网络生态贡献自己的力量。

B.7
2022年深圳市民网络公共
参与素养调查报告

尹卓恒　潘彦铮　于　衡　黄汶汶*

摘　要： 网络公共参与素养是网络文明建设的有效载体和重要抓手，它主要包含网络政治参与、网络社会参与和网络文明共建参与三大维度。通过线上线下调研，本报告计算得出深圳市民的网络公共参与素养总分为 67.3 分。其中，网络政治参与得分为 63.1 分，网络社会参与得分为 59.4 分，网络文明共建参与得分为 79.4 分，深圳市网民网络公共参与素养有待提高。本报告发现，大部分网民具有较高的网络政治信息获取素养和网络文明共建活动行动参与素养，经常在网络上积极获取自己需要的政务信息，关注网络上的扶贫、抗疫或救灾捐助行动，并乐于参与"正能量传递"的网络活动。提高网络公共参与素养，能够推动创造共建共享的网络公共空间，助力凝聚向上向善的网络文明共识。

关键词： 网络公共参与　网络政治参与　网络社会参与　网络文明共建参与

---

* 尹卓恒，美国北卡罗来纳大学中国项目办研究助理，研究方向为网络新媒体、健康传播；潘彦铮，中共深圳市委网信办网络传播处干部，研究方向为网络传播、网络文明、网络社会工作；于衡，深圳大学传播学院硕士研究生，研究方向为新媒体与网络传播；黄汶汶，深圳大学传播学院硕士研究生，研究方向为新媒体与网络传播、健康传播。

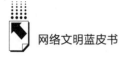

公共参与是指公民通过各种合法的途径与方式表达利益诉求、影响公共活动以及公共决策的行为。在本次调查中，网络公共参与素养是网络文明创建的核心素养，衡量了网民在网络政治参与、网络社会参与和网络文明共建参与上的素质或能力（见图1）。

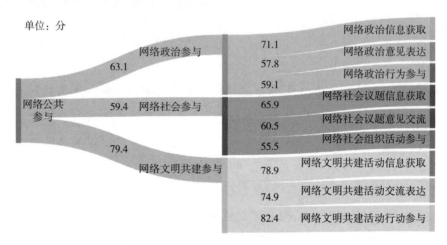

单位：分

网络政治参与 63.1	71.1	网络政治信息获取
	57.8	网络政治意见表达
	59.1	网络政治行为参与
网络社会参与 59.4	65.9	网络社会议题信息获取
	60.5	网络社会议题意见交流
	55.5	网络社会组织活动参与
网络文明共建参与 79.4	78.9	网络文明共建活动信息获取
	74.9	网络文明共建活动交流表达
	82.4	网络文明共建活动行为参与

图1 深圳市网民网络公共参与素养指标体系

一 深圳市民网络公共参与

深圳市民的网络公共参与素养总分为67.3分，其下设三个二级维度。其中，网络政治参与得分为63.1分，网络社会参与得分为59.4分，网络文明共建参与得分为79.4分（见图2）。具体而言，60.1%的网民具有较高的网络政治参与素养，50.7%的网民具有较高的网络社会参与素养，93.5%的网民具有较高的网络文明共建参与素养（见图2）。

（一）网络政治参与

网民的网络政治参与细分为三个维度，分别是网络政治信息获取、网络政治意见表达和网络政治行为参与。网络政治信息获取是指网民在网络上浏

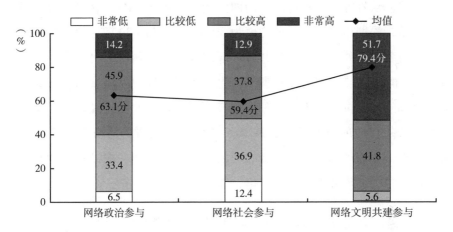

图 2　深圳市网民网络公共参与素养各维度得分情况①

览、查询和获取政务资讯及信息；网络政治意见表达是指网民在网络空间里表达政治意见、与政务新媒体线上交流并反映诉求；网络政治行为参与是指网民线上参与各类公共事务、与公共管理部门在线交流解决自身诉求。

深圳市网民的网络政治参与得分均值为 63.1 分（见图 2）。在网络政治信息获取方面，深圳市网民的平均得分为 71.1 分（见图 3），其中有 81.6% 的网民具有较高的网络政治信息获取素养。具体来看，85.4% 的网民经常"浏览网络上的时政资讯"，并"从各级政府网站和公共管理部门的网站或新媒体平台（如微信、微博等）上获取政务信息"，89.2% 的网民热衷于"在网络上搜索自己需要的政务信息（如疫苗接种点、办证流程等）"。在网络政治意见表达方面，深圳市网民的得分均值为 57.8 分（见图 3），有 51.0% 的网民积极在线参与政治意见表达。具体来看，64.5% 的网民表示经常"在社交媒体上转发公共事务或政府工作相关信息"；而"通过制度性的渠道（如人民网地方领导留言板、深圳市网络问政平台、'深圳 12345 热

---

① 本章节网络公共参与素养各图表中，得分占比少于 1% 的部分未在图中标识，因而各部分占比总值可能略低于 100%。

线'微信公众号等)反映诉求"的网民较少,占 56.4%。在网络政治行为
参与方面,深圳市网民的得分均值为 59.1 分(见图 3),有 56.5% 的网民
积极参与各类公共事务并与公共管理部门在线交流解决自身诉求。具体来
看,70% 的网民"当因为一些事务产生需求时,通过网络联系到相关的公
共管理部门,尝试解决事务"的意愿较高;60.4% 的网民经常"参与各级
政府和公共管理部门的各类公共事务(如网络投票、网络听证会等)"。
总体来看,深圳市网民具有一定的网络政治参与素养,愿意积极地获取政
务资讯信息、发表意见并展开讨论、参与各类公共事务。

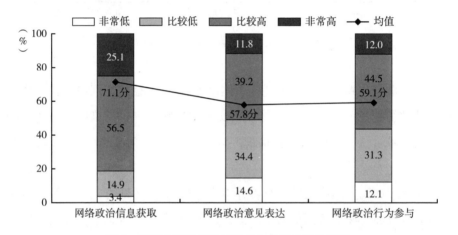

图 3　深圳市网民网络政治参与各维度得分情况

调查数据显示,深圳市网民对网络政务参与渠道的知晓率存在较大差
异。深圳市民生诉求服务平台(如"深圳 12345 热线"微信公众号)位列
首位,知晓率为 75.2%;其次是广东政务服务网(粤省事 App 和微信小程
序),知晓率为 69.2%;深圳政府在线网站和 i 深圳 App 知晓率分别为
59.6% 和 58.6%;深圳市网络问政平台和人民网地方领导留言板知晓率相对
较低,分别为 35.4% 和 32.7%(见图 4)。政府开设的官方政务参与渠道有
待获得更高的民众知晓率和使用率。

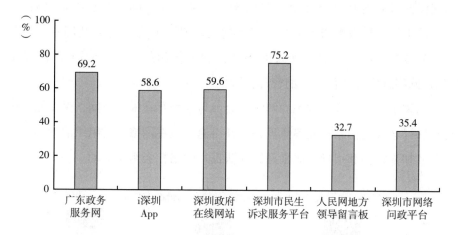

图4 深圳市网民网络政务参与渠道知晓率

（二）网络社会参与

网络社会参与包括三个细分维度，分别是网络社会议题信息获取、网络社会议题意见交流和网络社会组织活动参与。网络社会议题信息获取是指网民在网络上浏览、查询和获取热点社会议题信息；网络社会议题意见交流是指网民在网络空间里就社会议题表达个人意见、与网友在线交流讨论等；网络社会组织活动参与是指网民在线参与网络社区和团体组织、积极参与社区和组织发起的活动，并号召他人共同参与。

深圳市网民的网络社会参与得分均值为59.4分（见图2），有较大的提升空间。在网络社会议题信息获取上，深圳市网民的得分均值为65.9分（见图5），有73.7%的网民具有较高的网络社会议题信息获取素养，87.2%的网民经常"在网络上搜索、浏览、发布和转发热点社会议题的信息"。在网络社会议题意见交流上，深圳市网民的得分均值为60.5分（见图5），62.0%的网民积极地在线进行社会议题意见交流。其中，66.0%的网民经常"在网络社区、社会性话题讨论区表达个人意见"，69.1%的网民经常"就某个社会议题与网民展开交流与讨论"。在网络社会组织活动参与上，深圳市网民的得分均值为55.5分（见图5），有45.8%的网民积极参与网络社区和团体组织、积极参与社区和组织发起的活动，并号召他人共同参与。其中，64.7%的网民经常"加入网络社区和团体组织"；43.6%的网民经常"担任网络社区和团体组织的管理者"。

总体来看，深圳市网民的网络社会参与素养存在提升空间，网民能积极地获取社会议题信息、发表意见并展开讨论，但在网络社会组织活动参与方面需要加强宣传和引导，鼓励网民踊跃投入网络社会组织活动。

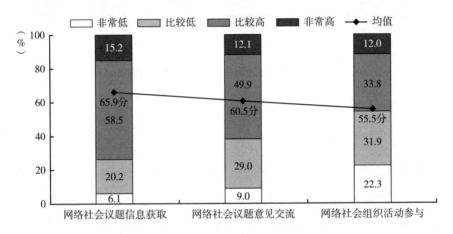

图5 深圳市网民网络社会参与各维度得分情况

此外，调查数据显示，深圳市网民参与网络公益活动的形式主要有线上种树、运动捐步以及公益答题和游戏等。其中，线上种树位列首位，占比高达71.2%；运动捐步及公益答题和游戏分别占67.5%和56.8%；公益直播和线上志愿服务也是部分网民参与的网络公益活动，分别占40.8%和34.7%；而捐声音和线上义卖这两种形式的参与率较低，分别占23.0%和22.0%（见图6）。

随着技术公益探索及实践的深入，越来越多的公益组织、机构具备了数字化能力。由深圳互联网平台和有关机构发起的"99公益日""步步行善"等线上公益活动得到网友积极回应。从调查数据中可以看出，深圳市网民积极参与线上种树、运动捐步以及公益答题游戏等几类网络公益活动。参与方

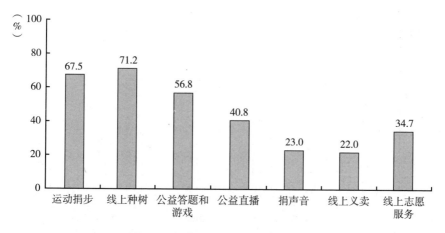

图6 深圳市网民网络公益活动参与

式在网民常用的 App 中，具有便捷易操作的特点。而捐声音和线上义卖等形式的网络公益活动形式比较新颖，还未在网络中广泛宣传和推广，参与率较低。综合来看，深圳市网民对网络公益活动的参与热情较高。

调查数据显示，深圳市网民参与的网络捐助类型主要有扶贫、抗疫或救灾捐助，希望小学、爱心书屋捐助，重病捐助，分别占比 60.9%、54.1% 和47.2%；参与残障人士、老年人等弱势群体捐助的网民占 37.4%；参与环境保护工程捐助的网民占 37.0%；参与动物保护捐助，传统文化保护、古建筑保护捐助的网民较少，分别占 31.0% 和 26.7%（见图7）。

相较于传统的线下慈善捐助，互联网技术降低了行善的成本，提高了公益效能。网络互助平台给困难群体提供了更多元的求助渠道，同时给捐助者提供了更便捷的送爱心渠道，让好心人有"处"可帮。深圳市政府高度重视和支持各界适应新的发展形势，勇于探索创新，努力拓展善款募集的新渠道，充分利用网络平台，构建"互联网+慈善"平台。深圳市网民参与的网络捐助类型主要有扶贫、抗疫或救灾捐助，希望小学、爱心书屋捐助，重病捐助，这些是目前网络发起较多的捐助类型。未来残障人士、老年人等弱势群体捐助，环境保护工程捐助，动物保护捐助，传统文化保护、古建筑保护等捐助项目更多投入网络空间，可能引发更多的民众参与，将深圳市网民一

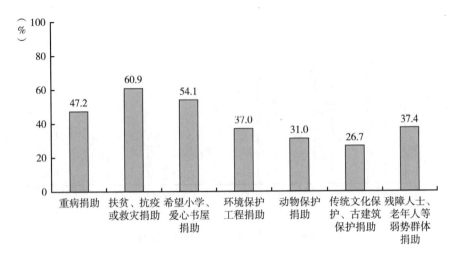

图7 深圳市网民网络捐助参与

方有难、八方支援、共担风雨的团结互助精神延续到网络空间中，发挥和弘扬社会向上向善精神。

（三）网络文明共建参与

网络文明共建参与包括三个细分维度，分别是网络文明共建活动信息获取、网络文明共建活动交流表达和网络文明共建活动行动参与。网络文明共建活动信息获取是指网民积极关注各种网络文明创建活动和网络媒体对各种文明创建活动的报道；网络文明共建活动交流表达是指网民在网络空间里就网络文明创建活动发表个人意见、与网友和官方媒体在线互动；网络文明共建活动行动参与是指网民积极参与网络文明创建活动，乐于看到并主动学习正能量的网络内容以及在网络上具有正面引导作用的榜样人物。

深圳市网民的网络文明共建参与素养的得分均值为79.4分（见图2），表现相对突出。在网络文明共建活动信息获取上，深圳市网民的得分均值为78.9分（见图8），有93.2%的网民具有较高的网络文明共建活动信息获取素养。其中，93.3%的网民经常"关注各种网络文明创建活动（如'圳少年''圳青年''深圳好网民'以及文明创建网络义工等）"，94.6%的网民经常"关注网络媒体上对于各种文明活动的报道"。在网络文明共建活动交流表达上，深圳市网民的得分均值为74.9分（见图8），有87.3%的网民得分较高。其中，90.7%的网民经常"和网友谈论文明创建活动"，88.6%的网民经常"与思政类网络新媒体（如广东共青团）互动"。在网络文明共建活动行动参与上，深圳市网民的总体得分均值为82.4分（见图8），有96.3%的网民愿意参与网络文明创建活动。98.0%的网民"乐于看到传递正能量的网络内容以及在网络上形成正面引导作用的榜样人物"，98.1%的网民"会学习和效仿传递正能量的网络内容以及在网络上形成正面引导作用的榜样人物"。总体来看，深圳市网民的网络文明共建参与整体得分较高，网民能积极地获取文明创建活动的信息、发表意见并与网友展开讨论、参与文明创建活动，积极传播正能量，展现了深圳市网民较高的网络文明共建参与素养。

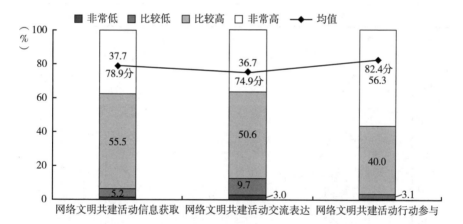

图8 深圳市网民网络文明共建参与各维度得分情况

二 深圳市民网络公共参与素养差异性分析

（一）网络公共参与素养的性别差异

深圳市网民的网络政治参与（t＝4.753，p<0.001）、网络社会参与

（t=5.570，p<0.001）和网络文明共建参与（t=4.906，p<0.001）在性别上均存在显著差异。男性网民的网络公共参与素养普遍高于女性网民。在网络政治参与方面，男性（64.4分）相较于女性（61.6分）得分略高。在网络社会参与方面，男性（61.0分）相较于女性（57.4分）亦得分更高。在网络文明共建参与方面，男性（80.5分）得分也显著高于女性（78.2分）（见表1、图9）。

表1 网络公共参与素养的性别差异检验（T-test）

性别	网络政治参与		网络社会参与		网络文明共建参与	
	均值	标准差	均值	标准差	均值	标准差
男	64.4	16.8	61.0	17.9	80.5	12.8
女	61.6	15.2	57.4	16.6	78.2	12.8
t	4.753***		5.570***		4.906***	

注：*** p<0.001。

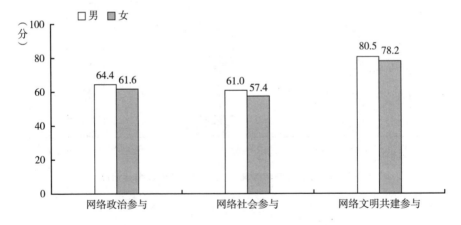

图9 深圳市网民网络公共参与素养的性别差异

（二）网络公共参与素养的年龄差异

深圳市网民的网络政治参与（F=39.593，p<0.001）、网络社会参与

（F=40.228，p<0.001）和网络文明共建参与（F=73.757，p<0.001）在年龄上均存在显著差异（见表2、图10）。

表2 网络公共参与素养的年龄差异检验（ANOVA）

年龄	网络政治参与		网络社会参与		网络文明共建参与	
	均值	标准差	均值	标准差	均值	标准差
14~19 岁	55.4	14.7	52.1	16.4	72.4	14.0
20~29 岁	61.2	15.5	57.0	16.8	76.4	13.7
30~39 岁	67.4	15.5	64.6	16.5	84.0	10.2
40~49 岁	61.9	16.8	58.1	17.9	80.4	11.8
50 岁及以上	65.4	16.9	60.0	18.6	81.1	11.4
F	39.593 ***		40.228 ***		73.757 ***	

注：*** p<0.001。

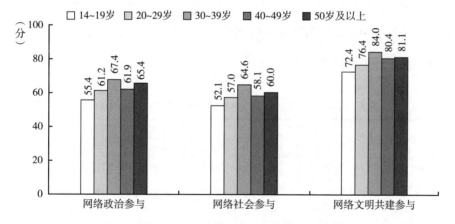

图10 深圳市网民网络公共参与素养的年龄差异

关于网络政治参与，30~39 岁（67.4 分）和 50 岁及以上（65.4 分）的网民具有相对较高的得分；14~19 岁（55.4 分）和 20~29 岁（61.2 分）的网民具有相对较低的得分。具体而言，30~39 岁的网民在网络政治意见表达和网络政治行为参与上的得分显著高于其他年龄段网民，但在网络政治信息获取上的得分稍低于 50 岁及以上的网民。

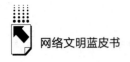

关于网络社会参与，30~39岁（64.6分）和50岁及以上（60.0分）的网民具有相对较高的得分；14~19岁（52.1分）和20~29岁（57.0分）的网民具有相对较低的得分。具体而言，30~39岁的网民在网络社会议题信息获取、网络社会议题意见交流和网络社会组织活动参与上的得分显著高于其他年龄段网民。

关于网络文明共建参与，30~39岁（84.0分）和50岁及以上（81.1分）的网民具有相对较高的得分；14~19岁（72.4分）和20~29岁（76.4分）的网民具有相对较低的得分。具体而言，30~39岁的网民在网络文明共建活动信息获取、网络文明共建活动交流表达和网络文明共建活动行动参与上的得分显著高于其他年龄段网民。

（三）网络公共参与素养的受教育程度差异

深圳市网民的网络政治参与（F=9.805，p<0.001）、网络社会参与（F=20.129 p<0.001）和网络文明共建参与（F=8.483，p<0.001）在受教育程度上存在显著差异（见表3、图11）。

表3 网络公共参与素养的受教育程度差异检验（ANOVA）

受教育程度	网络政治参与		网络社会参与		网络文明共建参与	
	均值	标准差	均值	标准差	均值	标准差
初中及以下	58.1	17.3	51.2	19.7	75.8	18.1
高中/中专	59.8	16.7	55.8	18.5	78.9	13.4
大专	61.8	15.6	56.0	17.1	77.8	13.4
本科	64.4	15.9	61.4	16.8	80.5	11.8
研究生及以上	63.5	16.4	60.6	17.4	77.7	14.3
F	9.805 ***		20.129 ***		8.483 ***	

注：*** p<0.001。

关于网络政治参与，本科学历（64.4分）的网民具有相对较高的得分；初中及以下学历（58.1分）的网民具有相对较低的得分。具体而言，本科

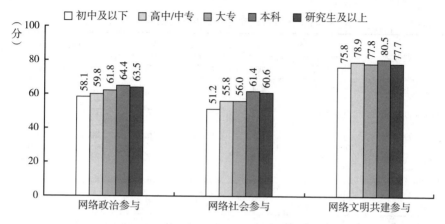

图11　深圳市网民网络公共参与素养的受教育程度差异

学历的网民在网络政治意见表达和网络政治行为参与上的得分高于其他学历网民，但在网络政治信息获取这一维度上的得分低于研究生及以上学历的网民。

关于网络社会参与，本科学历（61.4分）的网民具有相对较高的得分；初中及以下学历（51.2分）的网民具有相对较低的得分。具体而言，本科学历的网民在网络社会议题信息获取、网络社会议题意见交流和网络社会组织活动参与上的得分高于其他学历网民。

关于网络文明共建参与，本科学历（80.5分）的网民具有相对较高的得分；初中及以下学历（75.8分）的网民具有相对较低的得分。具体而言，本科学历的网民在网络文明共建活动信息获取、网络文明共建活动交流表达和网络文明共建活动行动参与上的得分高于其他学历网民。

（四）网络公共参与素养的月收入差异

深圳市网民的网络政治参与（F=50.451，p<0.001）、网络社会参与（F=60.036，p<0.001）和网络文明共建参与（F=58.762，p<0.001）在月收入上存在显著差异（见表4、图12）。

表4 网络公共参与素养的月收入差异检验（ANOVA）

月收入	网络政治参与		网络社会参与		网络文明共建参与	
	均值	标准差	均值	标准差	均值	标准差
3000元以下	56.0	14.4	51.8	15.4	72.8	13.3
3000~5999元	60.6	15.7	55.4	17.0	77.4	13.3
6000~9999元	64.2	15.3	60.1	16.6	80.6	11.7
10000~14999元	66.0	16.9	64.6	17.6	83.3	11.2
15000~19999元	72.6	14.6	68.7	16.1	84.2	11.5
20000元及以上	68.9	15.3	66.5	16.4	83.6	12.2
F	50.451***		60.036***		58.762***	

注：*** p<0.001。

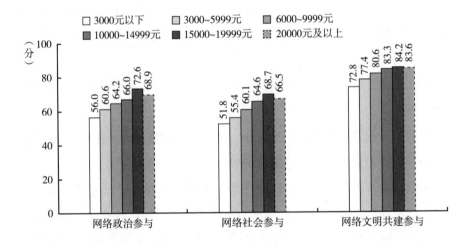

图12 深圳市网民网络公共参与素养的月收入差异

关于网络政治参与，月收入在15000~19999元（72.6分）的网民具有相对较高的得分；月收入在3000元以下（56.0分）的网民具有相对较低的得分。具体而言，月收入较高的网民在网络政治信息获取、网络政治意见表达和网络政治行为参与上的得分高于月收入较低的网民。

关于网络社会参与，月收入在15000~19999元（68.7分）的网民具有相对较高的得分，月收入在 3000 元以下（51.8 分）的网民具有相对较低的得分。具体而言，月收入较高的网民在网络社会议题信息获取、网络社会议题意见交流和网络社会组织活动参与上的得分高于月收入较低的网民。

关于网络文明共建参与，月收入在 15000～19999 元（84.2 分）的网民具有相对较高的得分，月收入在 3000 元以下（72.8 分）的网民具有相对较低的得分。具体而言，月收入较高的网民在网络文明共建活动信息获取、网络文明共建活动交流表达和网络文明共建活动行动参与上表现得更积极。

（五）网络公共参与素养的触网年限差异

深圳市网民的网络政治参与（$F = 4.491$，$p < 0.01$）、网络社会参与（$F = 5.837$，$p < 0.01$）和网络文明共建参与（$F = 6.003$，$p < 0.001$）在触网年限上存在显著差异（见表 5、图 13）。

表 5　网络公共参与素养的触网年限差异检验（ANOVA）

触网年限	网络政治参与		网络社会参与		网络文明共建参与	
	均值	标准差	均值	标准差	均值	标准差
5 年以内（含 5 年）	62.3	16.1	59.1	17.4	77.9	14.8
5～10 年（含 10 年）	63.2	15.7	59.2	17.0	79.3	11.8
10～15 年（含 15 年）	62.2	16.6	58.3	17.7	79.4	12.8
15 年以上	65.6	16.5	62.6	17.8	81.5	13.4
F	4.491 **		5.837 **		6.003 ***	

注：** $p < 0.01$，*** $p < 0.001$。

关于网络政治参与，触网 15 年以上（65.6 分）的网民具有相对较高的得分；触网 10～15 年（含 15 年）（62.2 分）的网民具有相对较低的得分。具体而言，触网 15 年以上的网民在网络政治信息获取、网络政治意见表达和网络政治行为参与上表现得更积极。

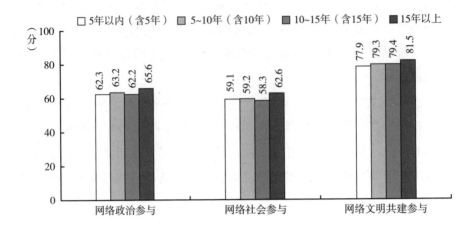

图13　深圳市网民网络公共参与素养的触网年限差异

关于网络社会参与，触网 15 年以上（62.6 分）的网民具有相对较高的得分；触网 10~15 年（含 15 年）（58.3 分）的网民具有相对较低的得分。具体而言，触网 15 年以上的网民在网络社会议题信息获取、网络社会议题意见交流和网络社会组织活动参与上表现得更积极。

关于网络文明共建参与，触网 15 年以上（81.5 分）的网民具有相对较高的得分；触网 5 年以内（含 5 年）（77.9 分）的网民具有相对较低的得分。具体而言，触网 15 年以上的网民在网络文明共建活动信息获取、网络文明共建活动交流表达和网络文明共建活动行动参与上的得分更高。

（六）网络公共参与素养的地区差异

深圳市网民的网络政治参与（$F = 2.188$，$p < 0.05$）在地区上存在显著差异，网络社会参与（$F = 0.990$，$p > 0.05$）和网络文明共建参与（$F = 1.404$，$p > 0.05$）在地区上不存在显著差异（见表6、图14）。

表6　网络公共参与素养的地区差异检验（ANOVA）

地　区	网络政治参与		网络社会参与		网络文明共建参与	
	均值	标准差	均值	标准差	均值	标准差
宝安区	63.7	15.8	59.6	17.2	79.1	13.4
龙岗区	62.7	15.7	59.1	17.0	79.3	12.5
龙华区	62.1	16.4	58.5	18.3	78.5	13.4
南山区	61.4	16.5	58.3	17.3	79.5	11.9
福田区	65.4	16.2	61.0	17.9	80.9	11.8
罗湖区	65.0	16.3	60.3	17.4	81.0	13.6
光明区	63.2	16.8	60.7	17.2	80.1	11.7
其他区	62.2	16.9	58.7	17.5	79.0	12.9
F	2.188 *		0.990		1.404	

注：* p<0.05。

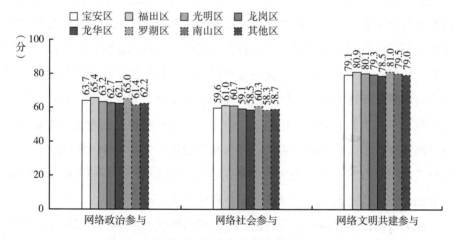

图14　深圳市网民网络公共参与素养的地区差异

　　关于网络政治参与，福田区（65.4分）和罗湖区（65.0分）网民的得分相对较高；南山区（61.4分）网民的得分相对较低。具体而言，福田区网民在网络政治信息获取、网络政治意见表达和网络政治行为参与上表现得更积极。

189

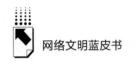

三　分析与总结

深圳是最具互联网特质的城市之一，城市的网络使用场景丰富，且深圳市网民对网络新技术的接受度较高。从调查中可以看出，深圳市网民整体具有一定的网络公共参与素养，除了得益于城市良好的互联网特质，也离不开深圳市有关部门对网络文明创建活动的有益探索，如开展"圳少年""圳青年""深圳好网民"等网络宣推活动。深入开展网络文明主题行动，共建网上美好精神家园，建设一个天朗气清、生态良好的网络空间，能够让深圳市网民更有获得感和参与感，提高深圳市网民的精神文明素养，并吸引更多的网民自觉参与网络文明创建活动。

网络具有巨大的政治参与潜力，互联网的不断普及与发展，为网民提供了便捷的政治参与平台。在网络中，人们可以随时随地对政治事件、政府政策发表意见并展开讨论，甚至可以与政府人员零距离接触。深圳市政府为群众提供了便捷的政务服务网站和平台，方便网民浏览和获取时政资讯和政务信息。从调查数据可以看出，深圳市网民的网络政治信息获取素养较高；在网络政治意见表达方面，深圳市网民倾向于转发相关政务信息，而在政务服务网站和平台上的互动和表达频率有待提升；在网络政治行为参与方面，深圳市网民更多基于政务办理需求，参与和开展各类公共事务。深圳市有关部门应当对深圳市网民在网络政治意见表达和网络政治行为参与方面加强引导和鼓励，找出政府治理与网民政治参与良性互动的有效途径。

深圳市网民的网络社会议题信息获取能力较强，网络社会议题意见交流活跃，但网络社会组织活动参与素养还需提高，深圳市有关部门应鼓励网民多参与社会活动。在网络社会议题信息获取方面，深圳市网民在网络上搜索、浏览、发布或转发热点社会议题相关信息的频率较高，充分体现出深圳市网民具备良好的信息获取素养；在网络社会议题意见交流方面，深圳市网民在获取网络社会议题信息的基础上会展开相应的意见表达和交流，主动参与网络社会治理，为打造文明的精神家园、建设健康良好的网络社会秩序而付诸行动；在网络社会组织活动参与方面，大部分深圳市网民积极参与网络社会组织相关活动（如公益募捐、在线互助等），但是较少担任网络社区和团体组织的管理者。每一位网民都应该积极维护网络空间的良好秩序，而这需要有关部门针对不同网民的特点，加强宣传引导和鼓励，培育有责任感、有素养的网民投入网络社会行动，在全社会形成网民引导网民、网民带动网民的良好氛围。

深圳市网民具有良好的网络文明共建参与素养，网民对网络文明共建活动信息获取、交流表达和行动参与的主动性和积极性较强。网络空间是亿万民众共同的精神家园，清朗的网络空间需要大家共同守护。在网络文明共建活动信息获取方面，深圳市网民积极关注各种网络文明创建活动（如"圳少年""圳青年""深圳好网民"以及文明创建网络义工等）以及网络媒体对于各种文明活动的报道；在网络文明共建活动交流表达方面，深圳市网民积极和网友谈论文明创建活动、与思政类网络新媒体（如广东共青团）互动以及在网络上表达自己对文明创建活动的看法；在网络文明共建活动行动参与方面，深圳市网民参与网络文明共建活动的热情较高，乐于参加网络文明创建活动，学习正能量的网络内容以及网络上起正面引导作用的榜样人物，充分展现出了深圳市网民良好的网络文明共建参与素养。

B.8
2022年深圳市民网络文明素养大数据分析报告

陈安繁　曹博林*

摘　要： 网民在网络空间的文明表达是网络文明的重要体现。对社交媒体平台中网民的话语表达进行大数据分析，可以更客观地呈现网民的网络文明素养现状。本报告抓取了56293名深圳市新浪微博用户从2021年5月1日至2022年4月30日发布的613万条微博，以其作为分析对象，进行了情感值计算、网络不文明用语分析、爱国主义用语分析及正向道德用语分析。通过对网民的不文明用语和交往行为进行测量，本报告最终得出深圳市网民的网络文明素养在网络不文明表达上应负向扣除0.43分。研究表明，进一步加强对深圳市网民文明用语和交往行为的规范，将文明理念融入网络空间的社会交往中，注重提高网民在网络空间中的实际表达素养，有利于塑造良好的网络秩序，更好地推动网络文明建设工作。

关键词： 大数据分析　网络不文明用语　爱国主义用语　正向道德用语

评估网民网络文明素养的重要部分是观测网民在网络空间的具体言行。本报告通过问卷调查方法评估了网民的网络思想、道德、文化等文明素养，

---

* 陈安繁，中国科学技术大学人文与社会科学学院副研究员，研究方向为大数据与网络舆情；曹博林，深圳大学传播学院副教授，研究方向为网络传播、网络社会与心理。

而大数据分析方法旨在作为一种辅助手段，提供一些客观数据对深圳市网民的网络文明行为进行综合评估。本报告的大数据分析，对于了解网民的日常表达、把网络文明准则融入网民网络生活、规范网民网络用语具有重要意义。

网民在网络空间中的不文明用语和交往行为，是网民网络文明素养低下的表现。网民以情绪发泄为目的的网络谩骂、以恶意中伤为手段的语言暴力，或以粗鄙低俗为个性的表达等都是破坏网络秩序、不利于网络文明建设的行为。为了综合评估网民的网络文明素养状况，本部分以56293名深圳市新浪微博用户从2021年5月1日至2022年4月30日发布的613万条微博作为分析对象，以反映网民在日常表达中呈现的网络文明素养状况。此外，本部分网民的网络不文明用语和交往行为将作为负分项，纳入网络文明素养指标体系，评估网民的网络规范行为素养，最终计算深圳市网民的网络文明素养得分。

一 网络理性表达

网民的网络理性表达与沟通，是社会交往规范和文明社会建设的必要组成部分，积极正面、正能量的在线交往代表了一种良性的社会互动，而消极负面的言论往往伴随不良情绪的传递和非理性表达，从而带来破坏性的社会后果。因此，本报告将网民的文本情感表达作为分析对象和载体，考察深圳市微博用户在文本互动中展现的理性表达行为模式。

（一）情感值计算

为了分析深圳市网民网络情感表达的具体内容，本部分在以往实践的基础上，采用大连理工大学中文情感词汇本体库，构建了基于词典的情感值计算框架。其具体流程如下：第一步对单条微博进行文本预处理，并以标点符号为分割标志，将单条微博分割为 n 个句子，提取每个句子中的情感词，以上处理均以句子为处理单位；第二步在情感词表中寻找情感词，以每个情感词为基准，向前依次寻找程度副词、否定词，并加权计算相应分值，随后对分句中的所有情感词的得分加总；第三步判断该句是否为感叹句、是否为反问句，以及是否存在表情符号，如果是，则分句在原有分值的基础上加上或减去对应的权值；第四步对所有分句的分值进行累加，获得该条微博的最终得分。在获取所有微博的情感值以后，如果情感值大于 0 则其情感极性为正，等于 0 则情感极性为中性，小于 0 则情感极性为负。

从分析的结果来看，深圳市用户的微博文本中的情感表达，总体上是十分积极的，在时间分布上基本上都是大于 4，而事件驱动的波动则可能与突发性的事件有关（见图 1）。此外，就以小时为单位的日内变化而言，用户在上午 6~12 点处于一个比较高的正向水平，网民的在线言论更为积极正面，而在凌晨 1 点到 3 点则会滑落至一个比较低的水平（见图 2）。就不同类型的微博用户而言，大 V 用户在微博上的言论表达最积极，机构用户总体比较积极但又比较克制，呈现稳健的风格，普通用户则相对不及大 V 用户和机构用户积极（见图 3）。此外，在不同地域网民的互动关系上，深圳市网民在与青海、黑龙江、台湾、重庆、山西、贵州、辽宁网民的互动过程中，表现得更为积极友好（见图 4）。

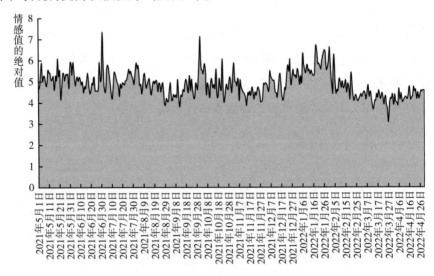

图 1　深圳市微博用户情感值日分布

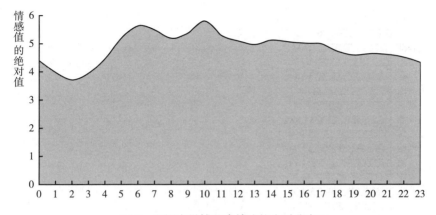

图2 深圳市微博用户情感值小时分布

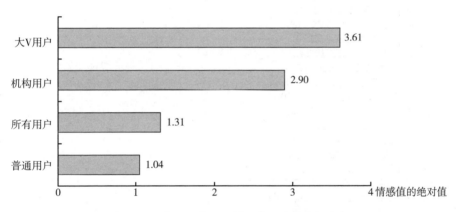

图3 深圳市不同类型微博用户平均情感值分布

（二）网络不文明用语分析

为分析深圳市网民的文明用语和交往行为，借鉴以往的研究实践，本报告构建了一个包含2644个网络不文明用语的词典。该词典的构建来源包括中国记协不文明用语负面清单、新华社公布的不文明用语、《网络低俗语言调查报告》、腾讯微信网络不文明用语词典、微博社区管理中心人身攻击词语列表，利用Word-Embedding的大规模语料处理方法拓展发现和拓展既有的词典。

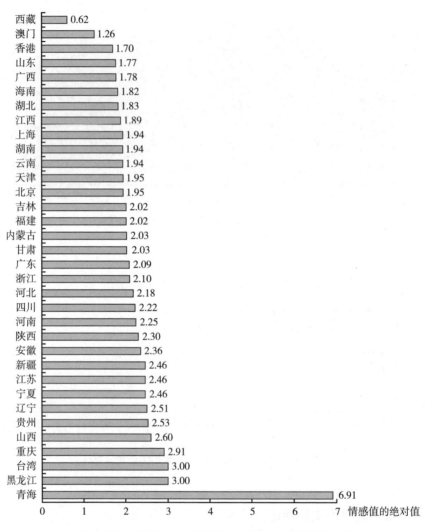

图 4　其他省区市微博用户评论深圳市微博用户的平均情感值分布

从不同类型微博用户的不文明词语使用频次来看，如图 5 所示，微博大 V 用户为了博取流量等使用了更多的不文明词语，其次是普通用户，机构用户则较少使用不文明词语。

从深圳市微博用户不文明词语使用频次的时序分布来看，如图 6 所示，基于事件驱动的网络不文明用语现象比较显著。

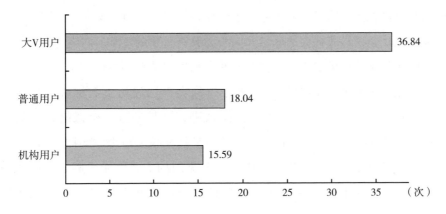

图5 深圳市不同类型微博用户不文明词语使用频次

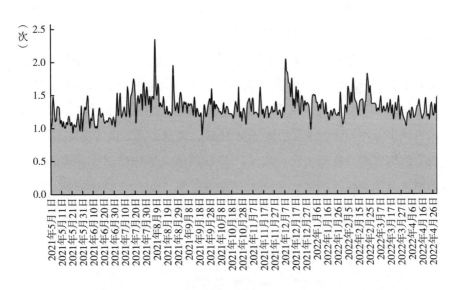

图6 深圳市微博用户不文明词语使用频次日分布

二　网络爱国意识

网民通过社交媒体平台表达自己的爱国主义和民族主义情怀是网络爱国

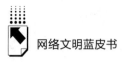

意识的重要表现。网民的爱国主义表达体现出了个体对于国家的认同，对于凝聚整个社会，形成社会的联结和向心力具有重要的意义。网络爱国意识作为民族共同体的积极情绪，是社会不断向前发展的重要力量。

本报告采用构建词典的方法来分析深圳市网民历史数据中的爱国主义和民族主义情怀话语的表达。具体来讲，就是通过一个系统构建的爱国主义用语词典，来分析深圳市微博用户历史文本中的爱国主义词语的使用。该词典包括 47 个社交媒体上最常见的词语，例如民族、同胞、华夏、中华、龙的传人、祖国等，并以此来表达网民对于国家的积极正向情感。

如图 7 所示，深圳市网民使用"祖国"（42109 次）、"中华"（24623次）、"先烈"（16098 次）、"同胞"（6755 次）、"人民子弟"（6651 次）、"中国人民"（4648 次）、"华夏"（2996 次）、"先辈"（2924 次）、"中国梦"（1830 次）等爱国主义词语较为频繁。而从爱国主义词语使用频次的时间分布来看，"庆祝建党 100 周年活动"以及"习近平等党和国家领导人出席烈士纪念日"触发的全网爱国主义教育热潮，使深圳市网民在这一时间段内表现出强烈的爱国主义情绪（见图 8）。而从不同的微博发文主体来看，相较于机构用户与普通用户，大 V 用户在网络文本中使用了更多的爱国主义词语（见图 9）。

上下五千年　中国速度　党和人民　民族脊梁
全国同胞　民族精神　我党　大中国
民族文化　中国梦　中华　强国之魂
中国爸爸　人民子弟　祖国　中国人民　党中央
民族振兴　老祖宗　华夏　同胞　家国情怀
国之重器　我的国　全国人民　子孙后代
支持国货　报国　先烈　先辈　兴国之魂　民族信仰
民族复兴　国门　祖国母亲　国之脊梁　民族血脉
龙的传人　民族荣光

图 7　深圳市微博用户爱国主义词语使用词云图

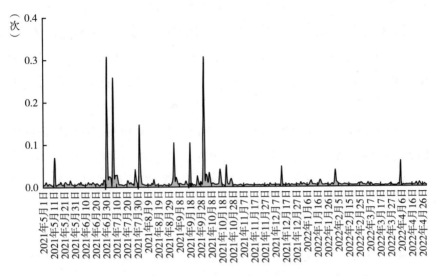

图8　深圳市微博用户爱国主义词语使用频次日分布

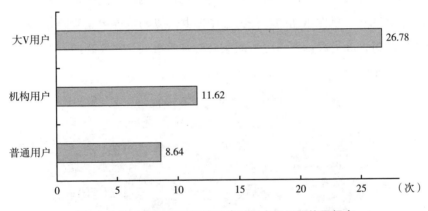

图9　深圳市不同类型微博用户爱国主义词语使用频次

三　网络道德素养

道德素养反映了个体的伦理和社会规范认同，以及他们参与社会公共事务的道德意识。本报告采用前人研发的道德词典，来分析深圳市网

民在线文本中的道德指涉性用语。王弘睿等人通过对词的道德倾向性进行研究分析，提出面向人工智能伦理计算的中文道德词典构建任务。① 本报告将词典中的词分为四种类型，通过词向量扩展和人工标注构建中文道德词典。该词典包含正向道德词7912个，本报告将基于此词典进行分析。

从正向道德词语的使用分析结果来看，如图10所示，在深圳市微博用户的道德指涉词语中，正向的道德词语主要有"爱"（1229206次）、"努力"（165147次）、"守护"（112578次）、"致敬"（90314次）、"感谢"（87489次）、"支持"（73714次）、"美好"（73014次）、"热爱"（54167次）、"英雄"（50951次）、"爱心"（46938次）、"帮助"（43128次）、"温暖"（40484次）、"正能量"（38588次）。总体而言，深圳市微博用户的正向道德词语的使用频次远远高于负向道德词语的使用频次，深圳市网民在网络空间中的传统道德规范上有比较强的自觉性。网络空间中正向道德词语的使用也呈现基于事件驱动的特征，如中国共产党与世界政党领导人峰会、郑州暴雨救援、苏炳添创造历史、国家公祭日等事件，在互联网上引发了正向

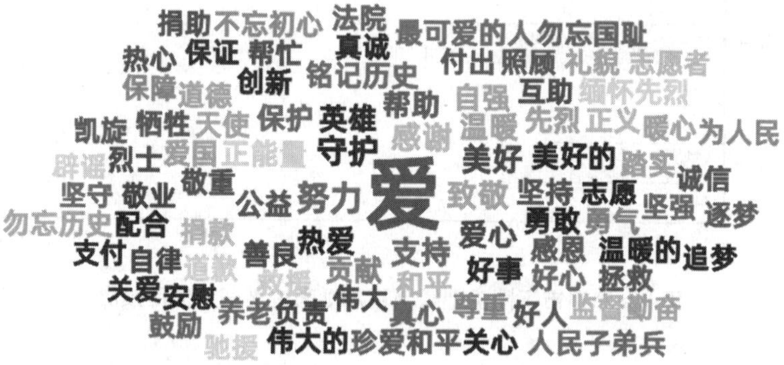

图10　深圳市微博用户正向道德词语使用词云图

---

① 王弘睿、刘畅、于东：《面向人工智能伦理计算的中文道德词典构建方法研究》，《中文信息学报》2021年第10期。

道德表述和正能量基调的讨论高潮，使得网络话语场中的正向道德内容突增（见图11）。此外，就不同用户的正向道德词语使用而言，机构用户使用的正向道德词语最多，大V用户紧随其后，普通用户对正向道德词语的使用相对较少（见图12）。

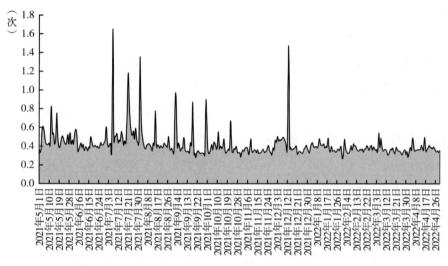

图11　深圳市微博用户正向道德词语使用频次日分布

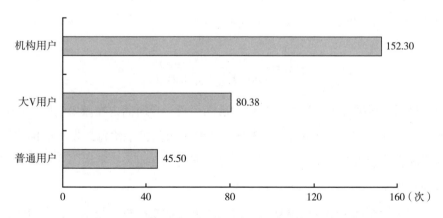

图12　深圳市不同类型微博用户正向道德词语使用频次

四 深圳市网民网络文明素养的合成指标

大数据分析部分除了对深圳市网民的网络行为进行多维度的细粒度分析，还对网民在网络空间中的不文明行为进行了度量，以提供一个全面和综合的指标，形成客观评估深圳市网民网络文明素养的指标体系。此项指标中的网络不文明表达作为深圳市网民网络文明素养的负分项，计入网络文明素养评价指标体系中。其计算的具体思路如下。

首先，根据以上提到和构建的网络不文明表达词典，对 56293 名深圳市新浪微博用户的 6132679 条微博和 4054678 条评论进行布尔值检索，如文本中含有相应的词语（如不文明用语），则被判定为不文明微博，并赋值为 1，否则判定为文明微博，赋值为 0。

其次，计算出 56293 名深圳市微博用户的网络不文明表达微博的相应数值。

再次，利用公式（1）求得深圳市微博用户在网络不文明表达上的标准化参数。其中 x_i 为深圳市微博用户在网络不文明表达上的数值，$\min(x_i)$ 为其最小值，$\max(x_i)$ 为其最大值。

$$z_i = \frac{x_i - \min(x_i)}{\max(x_i) - \min(x_i)} \tag{1}$$

最后，根据以上算法得出，深圳市网民近一年时间内在微博空间中进行的网络不文明表达平均值为 9.13 条，即深圳市网民平均每日发布的网络不文明内容条数为 0.025 条。深圳市网民的网络不文明表达平均得分标准化指数为 0.023。

将该标准化指数与网络规范行为素养部分的指标权重相结合，即得出深圳市网民在网络不文明表达上应负向扣除 0.43 分。因此，深圳市网民网络文明素养的最终得分为问卷调查所得的网民网络文明素养正向总分 81.85 分扣除负分 0.43 分，即为 81.42 分。

五 分析与总结

非介入式（unobtrusive）互联网数字足迹（digital traces）催生的文本数据，为观察和捕捉网民在线行为提供了可能，弥补了介入式观察手段（如问卷调查、实验和访谈）所存在的不足。本报告基于56293名深圳市新浪微博用户从2021年5月1日至2022年4月30日发布的613万条微博及其评论数据，结合用户的个体信息进行分析，采用文本挖掘的方法，揭示了深圳市网民在线文明行为的特征，是第一个对深圳这座超一线城市市民的网络文明行为进行全景式分析的研究。具体而言，本报告从深圳市民的网络情感表达、网络不文明用语、网络爱国意识、网络道德素养等方面，对深圳市民网络行为的文明程度、互动礼仪及规范性进行了深度描摹。

深圳市民的网络情感表达总体上呈现积极主导（positivity dominance）的态势，用户生产的内容以积极正面为主，体现了深圳市网络文明建设的成效。此外，不同用户的表现有一些差异，大V用户和机构用户在情感表达上比普通用户更加正面，反映了这两类用户在网络空间中的正能量传达的引导角色。整体而言，作为网络文明建设主体的广大网民在网络空间中的言论表达，所包含的正面情感较多，这为良好的网络氛围营造奠定了基础。

而在网络不文明表达上，本报告从深圳市民网络不文明用语维度审视网络文明中可能存在的问题。从文本分析结果来看，网络不文明用语具有典型性和规律性，网络空间中仍存在一些低俗、口语化、有个人攻击色彩的词语。这说明，网络空间的治理仍任重道远，解决网络空间中不文明表达问题须成为互联网空间治理和网络文明建设的重要抓手。促进网络文明表达，有效遏制和减少网络不文明词语使用和攻击行为将成为未来网络文明建设和营造清朗网络空间的核心工作。基于用户类型的不文明用语分析显示，大V用户和普通用户对不文明词语的使用较多。前者可能是基于注意力经济（attention economy）的逻辑而催生的"知情的不文明"（informed incivility），后者更多的是情绪牵引的网络不文明。应将基于流量逻辑思路和受情绪驱动的网络不

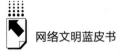
文明表达区分开来，在未来的治理过程中针对不同用户主体的不文明行为采用不同的策略进行干预。此外，本报告还关注了事件驱动的网络不文明现象，基于一些网络或社会事件，网络空间往往出现爆发式的不文明表达。在一些广受关注的争议性事件中发挥好网络表达引导作用，减少网络不文明表达，有助于网络不文明行为的治理，进一步提升网络空间的清朗氛围。

除此之外，本报告还分析了深圳市民的网络爱国意识和网络道德素养，人们对中华民族和传统道德的认同是凝聚向心力和形成共识的重要原因，深圳市网民对于国家身份和道德规范有着强烈的认同，这也是网络文明建设的强有力基石。尤其是一些"意见领袖"和机构用户在建设国家认同、建立道德纽带上发挥着重要作用。在网络文明建设过程中，针对网络不文明行为的治理与网络文明道德的倡导，将作为"拉力"和"推力"，共同致力于文明有序的网络空间的营建。

总体而言，本报告显示，采用大数据分析方法对网络文明状态进行监测有其客观价值，能形成对网络空间生态的直观认识。在网络文明建设的过程中，善于整合不同社会力量，巧用网络文明建设工具箱，"推""拉"并举，形成综合性的网络文明治理策略、框架和体系，对共建清朗网络空间、网络美好家园大有裨益。

附录1 核心数据

- 深圳市网民的网络文明素养得分为 81.42 分。

- 深圳市网民的网络思想素养得分为 88.2 分；网络道德素养得分为 86.0 分；网络文化素养得分为 80.4 分；网络规范行为素养得分为 75.2 分；网络自律及监督素养得分为 84.4 分；网络公共参与素养得分为 67.3 分。

- 深圳市网民人均每日上网时长为 5.86 小时，比全国网民每日上网平均值长 1.8 小时。

- 深圳市网民使用率最高的互联网应用是即时通信（97.9%）、网络支付（89.7%）和网络购物（86.8%）。深圳市网民对商务交易类应用和公共服务类应用的使用率高于全国网民平均使用率。

- 微信（97.0%）、支付宝（77.8%）和抖音（76.4%）是深圳市网民使用率最高的互联网 App。

- 89.8% 的深圳市网民具有非常高的网络思想素养，9.3% 的深圳市网民具有比较高的网络思想素养。94.1% 的网民认同"坚持营造风清气正的网络空间，依法管网治网，建设良好网络生态具有重要意义"；86.5% 的网民认为"自己能够通过法律途径维护在网络空间中的合法权益"。

- 77.5% 的深圳市网民具有非常高的网络道德素养，21.8% 的深圳市网民具有比较高的网络道德素养。98.2% 的网民认为"在网络上讲道德和现实中一样重要"；89.2% 的网民认为"在网络上，支持和声援弱势群体是重要的"。

- 58.4% 的深圳市网民具有非常高的网络文化素养，38.2% 的深圳市网民具有比较高的网络文化素养。85.3% 的网民"会关注当下网络上的中华传

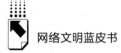
统文化内容"；深圳市网民人均每日数字化阅读时长为 2.4 小时。

• 29.4%的深圳市网民具有非常高的网络规范行为素养，67.2%的深圳市网民具有比较高的网络规范行为素养。81.9%的网民"在网络上与人交谈时，会尽量考虑对方的感受、反应和心情"；85.3%的网民认同"在网络空间中与不同群体互动，有助于社会的多元发展"。

• 71.3%的深圳市网民具有非常高的网络自律及监督素养，25.6%的深圳市网民具有比较高的网络自律及监督素养。85.1%的网民在扫描来源不明的二维码或打开来源不明的链接前，会有意识地鉴别其安全性；"国家反诈中心" App 的知晓率达 93.9%。

• 18.9%的深圳市网民具有非常高的网络公共参与素养，50.6%的深圳市网民具有比较高的网络公共参与素养。89.2%的网民经常"在网络上搜索自己需要的政务信息"；60.9%的网民在过去一年内参与过网络上的扶贫、抗疫或救灾捐助。

附录2 深圳市民网络文明素养调查问卷（节选）

网民朋友：

您好！

1. 参与本课题的邀请

我们想邀请您参加大约用时 15 分钟的匿名调查。知情同意书将提供给您一些有关该调查的信息，帮助您决定是否参与此项调查。请您仔细阅读，如有任何疑问，请联系课题组。

2. 为什么进行这项研究？

我们正在实施一项关于深圳市民网络文明素养的调查，很想了解您在这方面的情况和想法。

3. 哪些人将被邀请参加这项研究？

本课题的纳入标准是：

①近一年为深圳市常住人口（年外出时间小于或等于 1 个月）

②年龄大于或等于 14 岁

③网民群体（平均每周上网 1 小时及以上）

4. 参与本项研究的获益是什么？

您将获得一定的填答补贴，同时，您的答案将有助于我们了解深圳市民网络文明素养现状。

5. 是否一定要参加并完成本项研究？

您自己决定是否参加本项研究，您可以在任何时间退出本项研究。当然，我们非常希望您接受本次调查。

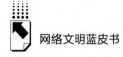
6. 我的信息会被保密吗?

本次问卷调查为匿名调查,同时,课题组将严格按照国家《统计法》对数据进行管理和使用,您填写的信息和资料会被严格保密。所有资料仅用于学术研究和调研报告撰写,不会对您个人造成任何影响。

7. 如果我有问题或困难,该与谁联系?

如果您有与本课题相关的任何问题,可随时联系本课题的协调人。

请您如实填写问卷,确保信息真实有效。十分感谢您能抽出时间来填写此份问卷。

感谢您的参与!

网络文明素养课题组

2022 年 6 月

知情同意

如果您同意参与我们的调查,请您勾选第一项,并开始填写问卷。

□$_1$我已经知晓情况,并同意参与调研课题

□$_2$我不同意参与调研课题

第一部分 网络基本使用情况

1-1 近一个月以来,您每天的平均上网时长为_____小时。

1-2 您的触网年限是(从开始使用互联网到现在的时间)?

□$_1$1 年以内(含 1 年) □$_2$1~5 年(含 5 年)

□$_3$5~10 年(含 10 年) □$_4$10~15 年(含 15 年)

□$_5$15 年以上

1-3 近一个月以来,您使用过的互联网应用包括?(可多选)

□$_1$即时通信 □$_2$网络视频(含短视频)

□$_3$网络支付 □$_4$网络购物

□$_5$搜索引擎 □$_6$网络新闻

□₇网络音乐　　　　□₈网络直播

□₉网络游戏　　　　□₁₀网络文学

□₁₁网上外卖　　　　□₁₂网约车

□₁₃在线办公　　　　□₁₄在线旅游预订

□₁₅在线医疗　　　　□₁₆互联网理财

□₁₇在线教育课程

□₁₈其他，请注明＿＿＿＿＿＿＿＿＿＿

1-4　近一周以来，您使用的 App 包括？（可多选）

□₁微信　　　□₂QQ　　　□₃微博　　　□₄知乎

□₅豆瓣　　　□₆学习强国　　□₇抖音　　　□₈快手

□₉腾讯视频　□₁₀爱奇艺　　□₁₁哔哩哔哩　□₁₂小红书

□₁₃淘宝　　　□₁₄拼多多　　□₁₅京东　　　□₁₆美团

□₁₇支付宝　　□₁₈今日头条　□₁₉腾讯新闻

第二部分　网络思想素养（节选）

2-1　网络爱国意识

2-1　请问您是否同意以下观点：	题项范畴	非常不同意	比较不同意	中立	比较同意	非常同意
1. 在网络上关于国内外政治事件的探讨中，我会表达对我们国家的支持	网络政治认同	1	2	3	4	5
2. 不管在网络空间中面临何种问题，我都相信我们国家可以妥善解决	网络政治认同	1	2	3	4	5
3. 当在网络发言中谈论到"中国人"时，我更多说"我们"，而不是"他们"	网络政治认同	1	2	3	4	5
4. 我会在网络上主动了解、传播或发布有关我国优秀文化、自然风光等主题的内容	网络文化认同	1	2	3	4	5
5. 通过网络学习和了解关于中国的历史和文化对每个中国人来说都很有必要	网络文化认同	1	2	3	4	5

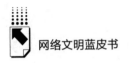
续表

2-1　请问您是否同意以下观点：	题项范畴	非常不同意	比较不同意	中立	比较同意	非常同意
6. 在网络上看到中国的运动员取得奖牌时，我觉得很自豪	网络文化认同	1	2	3	4	5
7. 在网络视听作品中听到国歌时，我会有激动的感觉	网络爱国符号情感	1	2	3	4	5
8. 国庆节当天很多人都在社交账号头像上加挂国旗，我觉得这种爱国氛围很好	网络爱国符号情感	1	2	3	4	5
9. 人们都应该投入网络环境建设中，让国家的网络空间更美好	网络爱国建设性情感	1	2	3	4	5
10. 即便我在网络上表达一些对社会事件的批评，也是出于对祖国的热爱，希望她更好	网络爱国建设性情感	1	2	3	4	5

2-2　网络法治意识

2-2　请问您是否同意以下观点：	题项范畴	非常不同意	比较不同意	中立	比较同意	非常同意
1. 我了解我国针对网络空间管理出台的一系列法律法规	网络法治认知	1	2	3	4	5
2. 自然人的姓名、出生日期、身份证件号码、生物识别信息、住址、电话号码等信息都受到《中华人民共和国网络安全法》的保护	网络法治认知	1	2	3	4	5
3. 散布谣言，制作、复制或发布扰乱经济秩序和社会秩序的信息内容是违法的	网络法治认知	1	2	3	4	5
4. 作为网民，我清楚地知道自己在网络空间中的权利与义务	网络法治认知	1	2	3	4	5
5. 在网络上发现有危害国家利益的人和事，我应该向有关部门举报	网络法治思维	1	2	3	4	5

续表

2-2　请问您是否同意以下观点：	题项范畴	非常 不同意	比较 不同意	中立	比较 同意	非常 同意
6. 我认为自己能够通过法律途径维护在网络空间中的合法权益	网络法治 思维	1	2	3	4	5
7. 我认为每个网民都应遵守网络法律法规	网络法治 认同	1	2	3	4	5
8. 我认为网络法律法规是维护我们安全上网的重要保障	网络法治 认同	1	2	3	4	5
9. 作为网民，我应该在网络空间的社会主义法治建设进程中积极建言献策	网络法治 认同	1	2	3	4	5
10. 我对我国实施依法治国、建设清朗网络空间充满信心	网络法治 认同	1	2	3	4	5

第三部分　网络道德素养（节选）

3-1　网络诚信意识

3-1　请问您在多大程度上 同意以下观点：	题项范畴	非常 不同意	比较 不同意	中立	比较 同意	非常 同意
1. 在网络上保持诚信，是我在任何时候都会坚守的原则	网络诚信 原则意识	1	2	3	4	5
2. 在网络上违背诚信原则的行为是令人摒弃的	网络诚信 原则意识	1	2	3	4	5
3. 在网络上恶意刷单、恶意差评、买真货退假货等行为是不能容忍的	网络诚信 行为意识	1	2	3	4	5
4. 有些网络违法行为(如造谣、商业欺诈)是可以用正当理由解释的(R)	网络诚信 行为意识	1	2	3	4	5
5. 如果在网络上没有责任意识，做出一些虚假宣传、发布虚假广告之类的举动，那么无论赚多少钱，都是失败的	网络诚信 行为意识	1	2	3	4	5

3-2 网络正义意识

3-2 请问您在多大程度上 同意以下观点:	题项范畴	非常 不同意	比较 不同意	中立	比较 同意	非常 同意
1. 在网络上,为社会正义而做出行动是重要的	网络正义原则意识-认知	1	2	3	4	5
2. 在网络上,尊重人们多样化的社会身份(如性别、民族、地域等)是重要的	网络正义原则意识-认知	1	2	3	4	5
3. 在网络上,支持和声援弱势群体是重要的	网络正义原则意识-认知	1	2	3	4	5
4. 在网络上,为促进公平、公正地分配权利、义务和资源做出努力是重要的	网络正义原则意识-认知	1	2	3	4	5
5. 当我看到网络欺凌等不道德事件发生时,我应该站出来阻止肇事者	网络正义行为意识-认知	1	2	3	4	5
6. 当我看到网络欺凌等不道德事件发生时,我应该支持和安慰受害者	网络正义行为意识-认知	1	2	3	4	5
7. 如果我支持和声援了弱势群体,我会为自己感到骄傲	网络正义行为意识-情感	1	2	3	4	5
8. 如果我目睹了网络欺凌事件,却无动于衷,我会为自己感到羞愧	网络正义行为意识-情感	1	2	3	4	5

第四部分 网络文化素养（节选）

"数字化阅读"为利用计算机、手机、平板电脑、电子阅读器和MP4等数字化平台或移动终端阅读书籍、报刊、网络文学的行为,其中也包括"线上听书"等创新阅读形式。

4-1 您最近一年的电子图书阅读量为?

　　□₁3 本以下　□₂3~6 本　□₃7~10 本　□₄10 本以上

4-2　近一个月以来，您每天的数字化阅读时长为_____小时。

4-3　您进行数字化阅读的频率为？

□₁基本不看　　　　　□₂每月 1~3 次

□₃每周 1~2 次　　　　□₄每周 3~6 次

□₅每天

4-4　您进行数字化阅读的目的一般有哪些？（可多选）

□₁增长见识　　　　　□₂解决学习或工作问题

□₃为社交服务　　　　□₄休闲娱乐

□₅其他，请注明_____

4-5　您认为您的个人总体数字化阅读数量为？

□₁很少　　　　　　　□₂比较少

□₃一般　　　　　　　□₄比较多

□₅很多

4-6　您如何评价您个人总体的数字化阅读情况？

□₁非常不满意　　　　□₂比较不满意

□₃一般　　　　　　　□₄比较满意

□₅非常满意

4-7　数字化阅读能力

4-7　请根据您的上网经历进行选择，您对以下表述的认知程度为：	题项范畴	非常不同意	比较不同意	中立	比较同意	非常同意
1. 数字化阅读能够让我获取更多与他人交流的话题	信息需求意识	1	2	3	4	5
2. 数字化阅读能够让我获取各类资讯	信息需求意识	1	2	3	4	5
3. 数字化阅读有助于提升我的阅读能力	自我发展意识	1	2	3	4	5

续表

4-7 请根据您的上网经历进行选择，您对以下表述的认知程度为：	题项范畴	非常不同意	比较不同意	中立	比较同意	非常同意
4. 我能够通过数字化阅读满足我的爱好需求	信息需求意识	1	2	3	4	5
5. 数字化阅读有助于提高我的学业或工作表现	自我发展意识	1	2	3	4	5
6. 数字化阅读有助于提高我的个人修养	自我发展意识	1	2	3	4	5

4-8 网络自主学习行为

网络自主学习是指接受线上远程教育、网上检索学习知识、论坛讨论、学习并制作作品等自主学习行为。

4-8 请根据您的上网经历进行选择，您对以下表述的认知程度为：	题项范畴	非常不同意	比较不同意	中立	比较同意	非常同意
1. 我认为自己参与网络自主学习的积极性很高	学习意识	1	2	3	4	5
2. 遇到自己不能解决的问题时，我会主动通过网络学习进行信息搜索，以解决问题	学习意识	1	2	3	4	5
3. 在进行网络自主学习的过程中，我会发掘软件或平台上的各种功能进行学习	操作行为	1	2	3	4	5
4. 我会尝试把不同的数字工具结合起来，用于自己的网络学习	操作行为	1	2	3	4	5
5. 我能够找到适合自己的互联网自主学习方法	学习行为	1	2	3	4	5
6. 我对我的网络自主学习结果感到满意	行为认知	1	2	3	4	5

4-9 网络媒介信息素养

4-9 请根据您的上网经历进行选择，您对以下表述的认知程度为：	题项范畴	非常不同意	比较不同意	中立	比较同意	非常同意
1. 我可以有效地使用网络来获取我需要的信息、音频、图像或其他数据	网络信息内容获取	1	2	3	4	5
2. 为了访问我需要的信息或数据，我可以使用不同功能的搜索引擎和数据库	网络信息内容获取	1	2	3	4	5
3. 在网络上，我可以识别恶意和有害的内容，我可以保护自己免受伤害	网络信息内容评估	1	2	3	4	5
4. 我知道如何在网络上创作媒体内容（文本、图像、视频等）	网络信息内容生产	1	2	3	4	5
5. 我可以在网络上与不同的用户进行协作和互动	网络信息内容生产	1	2	3	4	5
6. 对于网络媒体上的信息内容，我会进行批判性思考	网络信息内容生产	1	2	3	4	5

红色文化是党领导各族人民在革命斗争和伟大建设的实践中形成的伟大精神及其载体。

4-10 您认为您对红色文化的了解程度是？

□₁基本不了解   □₂不太了解

□₃一般   □₄比较了解

□₅非常了解

4-11 在过去一年里，您认为您在互联网上接触红色文化资源的数量是？

□₁很少   □₂比较少

□₃一般   □₄比较多   □₅很多

4-12 网络红色文化素养

4-12 请根据您的上网经历进行选择，您对以下表述的认知程度为：	题项范畴	非常不同意	比较不同意	中立	比较同意	非常同意
1. 当下网络上的红色文化内容是具有价值的	网络红色文化内容评价	1	2	3	4	5

续表

4-12 请根据您的上网经历进行选择，您对以下表述的认知程度为：	题项范畴	非常不同意	比较不同意	中立	比较同意	非常同意
2. 我愿意阅读当下网络上的红色文化内容	网络红色文化内容评价	1	2	3	4	5
3. 看到当下网络上的红色文化内容，我不会感到排斥	网络红色文化内容评价	1	2	3	4	5
4. 我会关注当下网络上的红色文化内容	网络红色文化行为实践	1	2	3	4	5
5. 我会向他人分享当下网络上的红色文化内容	网络红色文化行为实践	1	2	3	4	5
6. 我会对当下网络上的红色文化内容发表正面观点	网络红色文化行为实践	1	2	3	4	5

4-13 您认为您对中华优秀传统文化的了解程度是？

□₁基本不了解　　　□₂不太了解

□₃一般　　　　　　□₄比较了解

□₅非常了解

4-14 在过去一年里，您认为您在互联网上接触中华优秀传统文化资源的数量是？

□₁很少　　　　　　□₂比较少

□₃一般　　　　　　□₄比较多

□₅很多

4-15 网络传统文化素养

4-15 请根据您的上网经历进行选择，您对以下表述的认知程度为：	题项范畴	非常不同意	比较不同意	中立	比较同意	非常同意
1. 当下网络上的中华传统文化内容是具有价值的	网络传统文化内容评价	1	2	3	4	5

续表

4-15　请根据您的上网经历进行选择，您对以下表述的认知程度为：	题项范畴	非常不同意	比较不同意	中立	比较同意	非常同意
2. 我愿意阅读当下网络上的中华传统文化内容	网络传统文化内容评价	1	2	3	4	5
3. 看到当下网络上的中华传统文化内容，我不会感到排斥	网络传统文化内容评价	1	2	3	4	5
4. 我会关注当下网络上的中华传统文化内容	网络传统文化行为实践	1	2	3	4	5
5. 我会向他人分享当下网络上的中华传统文化内容	网络传统文化行为实践	1	2	3	4	5
6. 我会对当下网络上的中华传统文化内容发表正面观点	网络传统文化行为实践	1	2	3	4	5

第五部分　网络规范行为素养（节选）

5-1　网络成瘾症状特征（R）

5-1 请问您在多大程度上同意以下观点：	题项范畴	非常不同意	比较不同意	中立	比较同意	非常同意
1. 我觉得脑子里想的全是上网的事情（总想着先前上网的经历或下次去上网的事情）	网络适度使用特征感知	1	2	3	4	5
2. 我感觉需要花更多时间在网络上才能得到满足	网络适度使用特征感知	1	2	3	4	5
3. 我多次努力试图控制、减少或者停止上网，但是并没有成功	网络适度使用特征感知	1	2	3	4	5
4. 当减少或停止上网时，我感到心神不安、郁闷或者易激怒	网络适度使用特征感知	1	2	3	4	5
5. 我每次上网实际花费的时间都比计划的时间要长	网络适度使用特征感知	1	2	3	4	5
6. 上网影响了我重要的人际关系，或者让我损失了受教育或工作的机会	网络适度使用特征感知	1	2	3	4	5

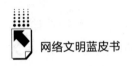

5-1 请问您在多大程度上同意以下观点：	题项范畴	非常不同意	比较不同意	中立	比较同意	非常同意
7. 我曾向家人、朋友或他人说谎，以隐瞒自己上网的时间	网络适度使用特征感知	1	2	3	4	5
8. 我把上网作为一种逃避问题或排解不良情绪（如无助感、内疚、焦虑、沮丧）的方法	网络适度使用特征感知	1	2	3	4	5

5-2 网络理性表达

5-2 您是否同意以下说法，请选择最适合您的描述：	题项范畴	非常不同意	比较不同意	中立	比较同意	非常同意
1. 在网络讨论中，实事求是地说话是重要的	网络表达论证原则	1	2	3	4	5
2. 在网络讨论中，我会用事实和数据来论证我的观点	网络表达论证原则	1	2	3	4	5
3. 在网络上表达观点前，我会从不同渠道进行信息收集、知识储备等准备工作	网络表达论证原则	1	2	3	4	5
4. 如果多数网友对某个问题的看法比较统一，我往往和他们保持一致（R）	网络表达观点原则	1	2	3	4	5
5. 对于网络知名人物的评论，我基本上是认同的（R）	网络表达观点原则	1	2	3	4	5
6. 在网络讨论中，我对事实的陈述既不会夸大也不会缩小	网络表达观点原则	1	2	3	4	5
7. 在事实查明之前，我不会轻易在网络上发表意见	网络表达观点原则	1	2	3	4	5
8. 对于事实问题，我喜欢从多角度、多方面去认识	网络表达观点原则	1	2	3	4	5

5-3　网络文明互动

5-3　您是否同意以下说法，请选择最适合您的描述：	题项范畴	非常不同意	比较不同意	中立	比较同意	非常同意
1. 在网络上，我会尽量用其他人能够理解的词句表达自己的意思	网络人际交流沟通合意	1	2	3	4	5
2. 在网络上与人交谈时，我会尽量考虑对方的感受、反应和心情	网络人际交流沟通合意	1	2	3	4	5
3. 在网络上与人交谈时，我会尽量避免伤害到他人	网络人际交流沟通合意	1	2	3	4	5
4. 在网络交际中，我能够思考自己该在不同场景下（如不同平台中或面对不同沟通对象时）说什么	网络人际交流沟通合意	1	2	3	4	5
5. 在网络上互动时，我能够有耐心地倾听对方的意见和看法	网络人际交流倾听意识	1	2	3	4	5
6. 为了更好地理解网络上的其他人，我会试图从他们的角度看事情	网络人际交流共情行为	1	2	3	4	5
7. 当我对网络上的言论、现象感到不满时，我会试着站在他们的角度思考一下	网络人际交流共情行为	1	2	3	4	5
8. 在网络上批评某人之前，我会试着想象如果我处在他们的位置上会有什么感受	网络人际交流共情行为	1	2	3	4	5
9. 我会在网络上关心和善待那些遭遇不幸的人	网络人际交流共情行为	1	2	3	4	5
10. 当网络上有人遇到不幸时，我并不会感到难过（R）	网络人际交流共情行为	1	2	3	4	5

第六部分　网络自律及监督素养（节选）

6-1　网络谣言

6-1请问您是否同意以下观点：	题项范畴	非常不同意	比较不同意	中立	比较同意	非常同意
1. 我曾有意或者无意地针对社会事件或话题捏造了一些信息	网络谣言生产	1	2	3	4	5

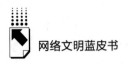

续表

6-1 请问您是否同意以下观点：	题项范畴	非常 不同意	比较 不同意	中立	比较 同意	非常 同意
2. 我曾在网络(微博、微信等)上分享了一些谣言	网络谣言传播	1	2	3	4	5
3. 我曾与家人和朋友分享过一些网络谣言	网络谣言传播	1	2	3	4	5
4. 当我认为网络上的信息可能为谣言时,我会考量信息来源	网络谣言识别	1	2	3	4	5
5. 当我认为网络上的信息可能为谣言时,我会搜索相关信息,交叉验证信息的真实性	网络谣言识别	1	2	3	4	5
6. 我曾经通过官方媒体报道、政府的官方通报和网络辟谣平台(如微信辟谣助手)确认信息的真实性	网络谣言识别	1	2	3	4	5
7. 当我在网络上看到辟谣信息时,我会通过社交媒体分享给自己的亲朋好友或转发到个人动态(如朋友圈、微博等)中	网络谣言抵抗	1	2	3	4	5
8. 当我在网络上看到不实信息时,我会在不实信息下面留下评论,指出其错误	网络谣言抵抗	1	2	3	4	5
9. 当我在网络上看到有人传播未经证实的信息时,我会阻止或反驳他/她	网络谣言抵抗	1	2	3	4	5
10. 当我在网络上传播过的信息被证实为谣言时,我会更正不实信息,即再次传播经过验证的、准确的信息	网络谣言抵抗	1	2	3	4	5

6-2 网络暴力施暴

6-2 请根据您的上网经历进行选择,以下情况出现在您生活中的频率为:	题项范畴	从未	很少	有时	经常	总是
1. 我曾在网络上向他人发送恶意的信息	网络名誉损害行为	1	2	3	4	5
2. 我曾在社交媒体(如微博、微信等)上说过别人的坏话	网络名誉损害行为	1	2	3	4	5

续表

6-2 请根据您的上网经历进行选择，以下情况出现在您生活中的频率为：	题项范畴	从未	很少	有时	经常	总是
3. 我曾在网络上发布过关于他人的负面信息，以损害其声誉	网络名誉损害行为	1	2	3	4	5
4. 我曾在网络上向他人发送威胁声明	网络名誉损害行为	1	2	3	4	5
5. 我曾在网络上散布有关别人的谣言，以损害其声誉	网络名誉损害行为	1	2	3	4	5
6. 我曾在网络上向别人发送色情邮件或短信	网络色情性暴力行为	1	2	3	4	5
7. 我曾在网络上开别人的性玩笑，损害他人的声誉	网络色情性暴力行为	1	2	3	4	5
8. 我曾在网络上散布别人的性谣言，损害其声誉	网络色情性暴力行为	1	2	3	4	5
9. 我曾在网络上嘲笑别人的外表	网络色情性暴力行为	1	2	3	4	5
10. 我曾将他人排除在网络各类社群（如微信群聊、豆瓣小组等）之外	网络欺凌排斥行为	1	2	3	4	5
11. 我曾跟别人合作，将某一个成员排除在网络社群之外	网络欺凌排斥行为	1	2	3	4	5
12. 我曾通过人肉搜索的方式，将某人的真实信息公布，并对其进行人身攻击	网络欺凌排斥行为	1	2	3	4	5

6-3 请问您是否知道以下反诈骗服务渠道？（可多选）

□₁ "国家反诈中心" App

□₂ 防诈骗专线 "96110"

□₃ 国家反诈中心与工信部反诈中心反诈预警短信（12381）

□₄ 网络违法犯罪举报网站

□₅ 其他，请注明＿＿＿＿＿＿＿＿＿＿＿

□₆ 以上都不知道

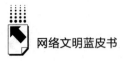

6-4 网络不良内容举报实践

6-4 请问您在多大程度上同意以下观点：	题项范畴	非常不同意	比较不同意	中立	比较同意	非常同意
1. 我会在识别到网络技术犯罪行为（如黑客攻击、计算机病毒传播、数据泄露等）时进行举报或报案	举报实践	1	2	3	4	5
2. 我会在看到网络上的违法和不良信息（如低俗信息、不文明用语、网络谣言等）时进行举报	举报实践	1	2	3	4	5
3. 我会在自己或他人遭遇网络暴力时进行举报或报案	举报实践	1	2	3	4	5
4. 我会在自己或他人遭遇网络诈骗时进行举报或报案	举报实践	1	2	3	4	5
5. 我知道如何使用社交媒体平台（包括微信、微博、知乎等）上的"投诉功能"举报违法和不良信息	举报实践	1	2	3	4	5
6. 我知道如何举报网站上的违法和不良信息	举报实践	1	2	3	4	5
7. 我愿意提供净化网络环境的志愿服务（如成为微博社区志愿者），协助社交媒体平台标记违法和不良信息	举报实践	1	2	3	4	5

第七部分 网络公共参与素养（节选）

7-1 网络政治参与

7-1 在过去的一年内，您进行以下行为的频率是：	题项范畴	从未	很少	有时	经常	总是
1. 浏览网络上的时政资讯	网络政治信息获取	1	2	3	4	5

续表

7-1　在过去的一年内,您进行以下 行为的频率是:	题项范畴	从未	很少	有时	经常	总是
2. 从各级政府网站和公共管理部门的网站或新媒体平台(如微信、微博等)上获取政务信息	网络政治 信息获取	1	2	3	4	5
3. 在网络上搜索自己需要的政务信息(如疫苗接种点、办证流程等)	网络政治 信息获取	1	2	3	4	5
4. 在社交媒体上转发公共事务或政府工作相关信息	网络政治 意见表达	1	2	3	4	5
5. 与政务新媒体(如深圳发布、深圳卫健委等)互动	网络政治 意见表达	1	2	3	4	5
6. 通过制度性的渠道(如人民网地方领导留言板、深圳市网络问政平台、"深圳 12345 热线"微信公众号等)反映诉求	网络政治 意见表达	1	2	3	4	5
7. 当因为一些事务产生需求时,通过网络联系到相关的公共管理部门,尝试解决事务	网络政治 行为参与	1	2	3	4	5
8. 参与各级政府和公共管理部门的各类公共事务(如网络投票、网络听证会等)	网络政治 行为参与	1	2	3	4	5

7-2　网络社会参与

7-2　在过去的一年内,您进行以下 行为的频率是:	题项范畴	从未	很少	有时	经常	总是
1. 在网络上搜索和浏览热点社会议题的信息	网络社会议题 信息获取	1	2	3	4	5
2. 在网络上发布或转发热点社会议题的相关信息	网络社会议题 信息获取	1	2	3	4	5

7-2　在过去的一年内,您进行以下行为的频率是:	题项范畴	从未	很少	有时	经常	总是
3. 在网络社区、社会性话题讨论区表达个人意见	网络社会议题意见交流	1	2	3	4	5
4. 就某个社会议题与网友展开交流和讨论	网络社会议题意见交流	1	2	3	4	5
5. 作为志愿者参加网络社区和团体组织所发起的项目活动	网络社会组织活动参与	1	2	3	4	5
6. 担任网络社区和团体组织的管理者	网络社会组织活动参与	1	2	3	4	5
7. 加入网络社区和团体组织	网络社会组织活动参与	1	2	3	4	5
8. 号召他人一起参与社会网络活动(如公益募捐、在线互助等)	网络社会组织活动参与	1	2	3	4	5

7-3　网络文明共建参与

7-3　请问您是否同意以下观点:	题项范畴	非常不同意	比较不同意	中立	比较同意	非常同意
1. 我会关注各种网络文明创建活动(如"圳少年""圳青年""深圳好网民"以及文明创建网络义工等)	网络文明共建活动信息获取	1	2	3	4	5
2. 我会关注网络媒体上对于各种文明活动的报道	网络文明共建活动信息获取	1	2	3	4	5
3. 我会和网友谈论文明创建活动	网络文明共建活动交流表达	1	2	3	4	5
4. 我会与思政类网络新媒体(如广东共青团)互动	网络文明共建活动交流表达	1	2	3	4	5

续表

7-3　请问您是否同意以下观点：	题项范畴	非常不同意	比较不同意	中立	比较同意	非常同意
5. 我会在网络上表达自己对文明创建活动的看法	网络文明共建活动交流表达	1	2	3	4	5
6. 我参加过网络文明创建活动（如"圳少年"、"圳青年"、"深圳好网民"以及文明创建网络义工等）	网络文明共建活动行动参与	1	2	3	4	5
7. 如果有机会，我愿意参加网络文明创建活动	网络文明共建活动行动参与	1	2	3	4	5
8. 我愿意按照网络文明创建活动倡导的方式要求自己	网络文明共建活动行动参与	1	2	3	4	5
9. 我乐于看到传递正能量的网络内容以及在网络上形成正面引导作用的榜样人物	网络文明共建活动行动参与	1	2	3	4	5
10. 我会学习和效仿传递正能量的网络内容以及在网络上形成正面引导作用的榜样人物	网络文明共建活动行动参与	1	2	3	4	5

第八部分　基本情况

8-1　您的年龄是：＿＿＿＿＿。

8-2　您的性别为？

　　□₁男　　□₂女

8-3　您目前居住于哪里？

　　□₁深圳——请回答8-3A

　　□₂广东省其他城市

　　□₃其他城区，具体为＿＿＿＿

8-3A 您目前居住于：深圳市＿＿＿＿区＿＿＿＿街道

8-4　请问您目前的婚姻状况是？

　　□₁未婚且没有固定伴侣　　　□₂未婚但是有固定伴侣

　　□₃已婚　　　　　　　　　　□₄离婚/丧偶

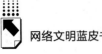
□₅其他，请注明＿＿＿＿＿＿

8-5 请问您的职业是?

☐₁学生

☐₂党政机关事业单位领导干部

☐₃党政机关事业单位一般职员

☐₄企业/公司高层管理人员

☐₅企业/公司中层管理人员

☐₆企业/公司一般职员

☐₇专业技术人员

☐₈商业服务业职工

☐₉制造生产型企业工人

☐₁₀自由职业者

☐₁₁农村外出务工人员

☐₁₂农林牧渔劳动者

☐₁₃退休

☐₁₄无业/下岗/失业

☐₁₅其他

8-6 请问您的学历是?

☐₁小学及以下   ☐₂初中

☐₃高中/中专   ☐₄大专

☐₅本科   ☐₆研究生及以上

8-7 请问您目前的平均月收入是?

☐₁3000 元以下   ☐₂3000~5999 元

☐₃6000~9999 元   ☐₄10000~14999 元

☐₅15000~19999 元   ☐₆20000 元及以上

十分感谢您的合作与支持! 祝您生活愉快!

Abstract

Internet civility is an important aspect of social civilization in the new era and an important area in building a strong cyber power. The "Report on Shenzhen Citizens' Internet Civility Literacy (2023)" was the first to establish an Internet civility literacy evaluation index system in China, which combines top-down policy design and bottom-up practical orientation. The index system takes into account both the baseline protection and social advocacy perspectives of Internet civility, and forms 6 core literacy dimensions and 22 secondary indicator dimensions. This report used the Delphi expert method and the Analytic Hierarchy Process (AHP) to construct a more systematic and complete measurement standards and index weights, and conducted scientific and practical empirical research. Based on the questionnaire survey of 11500 Shenzhen netizens and the big data analysis of 56293 Shenzhen Weibo users, this report calculated the Internet civility literacy score of Shenzhen citizens for the first time and depicted the "specific appearance" of Shenzhen netizens. The Internet civility literacy index system and evaluation results can build a clear framework for Internet civility construction and put the work of Internet civility construction into practice.

This report consists of a general report and seven sub-reports. The general report systematically summarizes the relevant research on Internet civility literacy both domestically and abroad, presents the Internet civility literacy system development ideas and methods in detail, and introduces the research methods and data analysis framework adopted by the report in an overall manner. Combining the results of online and offline questionnaire surveys and big data analysis, the general report calculates the final score of network civilization literacy for Shenzhen netizens as 81. 42. On this basis, the general report proposes the institutional

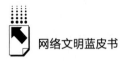

construction and protection mechanism of Internet civility literacy, and provides suggestions and countermeasures for further improving Internet civility literacy. The seven topical reports respectively elaborate on the Internet civility literacy of the Internet users in Shenzhen from seven dimensions, including Internet ideological literacy, Internet moral literacy, Internet cultural literacy, Internet normative behavioral literacy, Internet self-discipline and supervision literacy, and Internet public participation literacy, and big data analysis of online expression content. The results of the reports show that the score for the Internet ideological literacy of Shenzhen netizens is 88. 2, the score for the Internet moral literacy is 86. 0, the score for the Internet cultural literacy is 80. 4, the score for the Internet normative behavioral literacy is 75. 2, the score for the Internet self-discipline and supervision literacy is 84. 4, and the score for the Internet public participation literacy is 67. 3. The big data content analysis shows that the Internet uncivilized expression of Shenzhen netizens should negatively deduct 0. 43 points.

This report creates the first scientific, localized andpractical Internet civility literacy index system for the present, and quantitatively evaluates the Internet civility literacy of Shenzhen netizens, forming corresponding Internet civility behavior norms. Based on the performance of Shenzhen netizens' Internet civility literacy, combined with their strong sense of belonging to Shenzhen, tolerance and respect for multi-culture, and the freedom, equality, innovation and openness features in their cultural environment, Shenzhen has a good foundation and ample soil to further strengthen Internet civility literacy construction and strive to become a new high ground for Internet civility literacy construction in the country.

Keywords: Internet Civility; Ideological Literacy; Moral Literacy; Cultural Literacy; Normative Behavioral Literacy

Contents

I General Report

Abstract: Internet civility is an important aspect of social civilization in the new era and an important area in building a strong cyber power. In accordance with *The Opinions on Strengthening the Construction of Internet Civility* issued in September 2021 by the General Office of the CPC Central Committee and the General Office of the State Council, this report has taken the lead in creating an indicator system for Internet civility literacy nationwide. Blending top-level design and practical orientation, the report takes into account the two perspectives: baseline protection of Internet civility and social advocacy of Internet civility. The indicator system includes six primary indicators of Internet ideological literacy, Internet moral literacy, Internet cultural literacy, Internet normative behavioral literacy, Internet self-discipline and supervision literacy, and Internet public participation literacy, 22 secondary indicators and a number of specific questions. In addition, 40 representatives from the government, industry, media, scholars and Internet users were invited to make a comprehensive assessment of the com-position and weighting of each indicator, laying down a scientific and compre-hensive Internet civility literacy system. The report conducted a questionnaire survey with a quota sample of 11500 Shenzhen Internet users aged 14 or above, and also used big data analysis methods to analyze the online expressions of 56293 Shenzhen netizens. The report

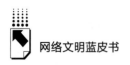
shows that the score of Shenzhen netizens' Internet civility on the six major dimensions is 81. 85 points, and 0. 43 points should be deducted negatively from the uncivilized expressions on the Internet, and the final score is 81. 42 points. In the opening year of the 14th Five-Year Plan, the Internet civility literacy assessment will set a framework for the construction of Internet civility and clarify the grasp to put the work of Internet civility into practice.

Keywords: Internet Civility; Internet Literacy; Shenzhen

II Topical Reports

B . 2 Report on the Internet Ideological Literacy of Shenzhen Citizens 2022

Cao Bolin, Dai Suhui and Kang Wanying / 078

Abstract: Internet ideological literacy is the cornerstone and an important part of Internet civility literacy, which mainly includes four dimensions: Internet mainstream ideology, Internet patriotic consciousness, Internet rule of law and Internet sense of sovereignty. Through a combination of online and offline surveys and using quota-sampling method, this report calculated the total score of Shenzhen netizens' ideological literacy to be 88. 2 points. Among them, the Internet mainstream ideology score was 86. 8 points, the Internet patriotism awareness score was 88. 2 points, the Internet rule of law awareness score was 88. 0 points, and the Internet sovereignty awareness score was 89. 8 points. Shenzhen netizens have a good understanding and appreciation of socialist ideology with Chinese characteristics in the new era. They have strong internet patriotism, and understand it clearly that cyberspace is not "a place outside the law". They also realize that cyber security is as imperative as national security. This report suggests that good Internet ideological literacy of netizens is of great significance to building a high and solid Internet civilization.

Keywords: Internet Ideology; Mainstream Ideology; Patriotic Consciousness; Rule of Law; Sense of Sovereignty

B.3 Report on the Internet Moral Literacy of Shenzhen

Citizens 2022

Yao Wenli, Huang Shiyi and Cheng Yun / 096

Abstract: Internet moral literacy is an important part of Internet civility literacy and is the foundation of users' literacy in the Internet world. It mainly includes four dimensions: Internet basic moral awareness, Internet integrity awareness, Internet justice awareness and Internet mutual-help awareness. Through a combination of online and offline research, this report finds that the average score of their internet moral literacy was 86.0 points. Among them, the score of Internet basic moral awareness was 83.9 points, the score of Internet integrity awareness was 87.4 points, the score of Internet justice awareness was 86.8 points, and the score of Internet mutual-help awareness was 85.8 points. Shenzhen netizens as a whole have a high awareness of Internet morality and good Internet moral culture. They can abide by the principles of honesty, justice and mutual-help on the Internet, and regulate their own behavior with moral principles. The moral construction in the cyberspace requires Internet users to recognize their moral responsibilities, establish a correct concept of morality, and pay more attention to the practice of moral behavior on the Internet.

Keywords: Internet Basic Moral Awareness; Internet Integrity Awa-reness; Internet Justice Awareness; Internet Mutual-help Awareness

B.4 Report on the Internet Cultural Literacy of Shenzhen

Citizens 2022

Weng Huijuan, Li Mengyao, Luo Xiaoting and Xiao Yunqiu / 114

Abstract: The Internet Cultural Literacy consists of four dimensions: Internet scientific and cultural literacy, Internet traditional cultural literacy, Internet red cultural literacy, and Internet media information literacy. This report collec-

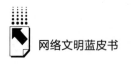
ted sample data through a quota sampling method, combining online and offline channels. The results showed that Shenzhen netizens' average Internet cultural literacy score was 80. 4 points, Internet scientific and cultural literacy score was 78. 5 points, Internet traditional cultural literacy score was 81. 9 points, Internet red cultural literacy score was 79. 7 points and Internet media information literacy score was 81. 7 points. In general, the Internet culture literacy of Shenzhen netizens is satisfactory. Shenzhen netizens are good at searching, understanding and evaluating information through the Internet, and have strong abilities for independent online learning. Meanwhile, they also demonstrate a strong awareness, identification and willingness to engage with red culture and Chinese traditional culture. A higher level of Internet users' cultural literacy not only helps Internet users with self-improvement, but is also of great significance to the transmission and development of mainstream culture in the new era.

Keywords: Internet Cultural Literacy; Internet Scientific and Cultural Literacy; Internet Traditional Cultural Literacy; Internet Red Cultural Literacy; Internet Media Information Literacy

B . 5 Report on the Internet Normative Behavioral Literacy of Shenzhen Citizens 2022

Li Hui, Wu Linrong and Yin Rui / 139

Abstract: Internet normative behavioral literacy directly reveals netizens' degree of implementing civilized behavior on the Internet. It included four dimensions: the appropriate use of the Internet, the rational expression on the Internet, the civilized interaction on the Internet, and the pluralistic respect for diversities on the Internet. The overall score of Internet users' normative behavioral literacy of Shenzhen netizens was 75. 2 points. Additionally, the score for the appropriate use of the Internet was 63. 2 points, the rational expression on the Internet was 81. 4 points, civilized interaction on the Internet was 80. 9 points, and pluralistic respect to diversities on the Internet was 75. 5 points, respectively. According to the results, we found that Shenzhen netizens possess desirable Internet normative behavioral literacy. Countering the booming information on the Internet, they are able to hold a rational and objective attitude towards social issues and think from multiple angles. Moreover, they respect different perspectives and standpoints, keeping friendly when communicating with other Internet users. However, the appropriate use of the Internet needs to be enhanced among Shenzhen Internet users, and more attention should be paid to the addictive behavior of the Internet in the youth users. Cultivating good Internet users' normative behavioral literacy is conducive to guiding and standardizing the behaviors of netizens, attaching great significance to maintaining order on the Internet.

Keywords: Internet Normative Behavioral Literacy; Appropriate Use of the Internet; Online Rational Expression; Online Civilized Interaction; Online Pluralistic Respect for Diversities

B. 6　Report on the Internet Self-discipline and Supervision

Literacy of Shenzhen Citizens 2022

Wang Minghui, *Luo Lianlian and Liang Lidan* / 156

Abstract: Internet self-discipline and supervision literacy is the basic literacy to ensure the ecological civilization of the Internet, which mainly includes three dimensions: self-discipline of Internet safety, self-discipline of Internet deviated behavior and supervision of Internet harmful information. Through a combination of online and offline surveys, this report calculated the total score of Shenzhen netizens' self-discipline and supervision literacy to be 84. 4 points. Among them, the self-discipline of Internet safety score was 82. 7 points, the self-discipline of Internet deviated behavior score was 87. 6 points, and the supervision of Internet harmful information score was 83. 0 points. Shenzhen netizens have a high level of

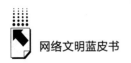

self-discipline and supervision literacy. They have a good sense of self-discipline towards Internet technical crimes and Internet deviated behavior such as the spread of Internet rumors, cyber-violence and cyber-fraud. They are also willing to report and supervise the Internet environment. This report suggests that enhancing Internet users' self-discipline and supervisory literacy can encourage them to actively participate in the construction of a better cyberspace.

Keywords: Internet Self-discipline and Supervision Literacy; Self-discipline of Internet Safety; Self-discipline of Internet Deviated Behavior; Supervision of Internet Harmful Information

B.7 Report on the Internet Public Participation Literacy of Shenzhen Citizens 2022

Yin Zhuoheng, Pan Yanzheng, Yu Heng and Huang Wenwen / 173

Abstract: Internet public participation literacy is an effective carrier and an important starting point for the construction of Internet civility. It mainly includes three dimensions: Internet political participation, Internet social participation and Internet participation in civilization co-construction. Through a combination of online and offline surveys, this report calculated the total score of Shenzhen netizen's public participation literacy to be 67.3 points. Among them, the score of Internet political participation was 63.1 points, Internet social participation was 59.4 points, and Internet participation in civilization co-construction was 79.4 points. The Internet public participation literacy of Shenzhen netizens can be improved. The report found that the majority of netizens have high literacy in acquiring political information on the Internet and good literacy of Internet participation in civility co-construction. They actively obtain the government information they need on the Internet, and pay attention to the poverty alleviation, anti-epidemic or disaster relief donations. They are willing to participate in the "positive energy transmission" online activities. Improving the netizens' public participation literacy of netizens can promote the creation of a co-constructed and shared online public life, and help build a consensus on Internet civility that is upward and good.

Keywords: Internet Public Participation; Internet Political Participation; Internet Social Participation; Internet Participation in Civilization Co-Construction

B.8   Big Data Analytics Report on the Shenzhen Internet
         Civility Literacy 2022   *Chen Anfan, Cao Bolin* / 192

Abstract: Internet users' civilized expression of in cyberspace is an crucial manifestation of Internet civility. Big data analysis of Internet users' expressions in social media platforms can present a more objective picture of the current Internet civility. This report catches 6.13 million micro-blogs posted by 56293 Shenzhen Internet users from May 1, 2021 to April 30, 2022, and uses them as the object of sentiment value calculation to analyze the uncivil expressions, patriotic express-ions and positive moral expressions on the Internet. By measuring the uncivil terms and interaction behavior of Internet users, this report finally concluded that the Internet civility literacy should be negatively deducted 0.43 points. The study shows that it is necessary to promote civilized expressions and interactions of Shenzhen Internet users, and integrate the concept of civilization into social interactions in cyberspace. Focusing on the actual expression literacy of Internet users in cyberspace is conducive to shaping a good Internet order and better promoting the construction of Internet civility.

Keywords: Big Data Analysis; Uncivil Expressions on the Internet; Patriotic Expressions; Positive Moral Expressions

社会科学文献出版社

皮 书

智库成果出版与传播平台

❖ 皮书定义 ❖

皮书是对中国与世界发展状况和热点问题进行年度监测，以专业的角度、专家的视野和实证研究方法，针对某一领域或区域现状与发展态势展开分析和预测，具备前沿性、原创性、实证性、连续性、时效性等特点的公开出版物，由一系列权威研究报告组成。

❖ 皮书作者 ❖

皮书系列报告作者以国内外一流研究机构、知名高校等重点智库的研究人员为主，多为相关领域一流专家学者，他们的观点代表了当下学界对中国与世界的现实和未来最高水平的解读与分析。截至 2022 年底，皮书研创机构逾千家，报告作者累计超过 10 万人。

❖ 皮书荣誉 ❖

皮书作为中国社会科学院基础理论研究与应用对策研究融合发展的代表性成果，不仅是哲学社会科学工作者服务中国特色社会主义现代化建设的重要成果，更是助力中国特色新型智库建设、构建中国特色哲学社会科学"三大体系"的重要平台。皮书系列先后被列入"十二五""十三五""十四五"时期国家重点出版物出版专项规划项目；2013~2023 年，重点皮书列入中国社会科学院国家哲学社会科学创新工程项目。

权威报告·连续出版·独家资源

皮书数据库
ANNUAL REPORT(YEARBOOK)
DATABASE

分析解读当下中国发展变迁的高端智库平台

所获荣誉

- 2020年，入选全国新闻出版深度融合发展创新案例
- 2019年，入选国家新闻出版署数字出版精品遴选推荐计划
- 2016年，入选"十三五"国家重点电子出版物出版规划骨干工程
- 2013年，荣获"中国出版政府奖·网络出版物奖"提名奖
- 连续多年荣获中国数字出版博览会"数字出版·优秀品牌"奖

皮书数据库

"社科数托邦"
微信公众号

成为用户

登录网址www.pishu.com.cn访问皮书数据库网站或下载皮书数据库APP，通过手机号码验证或邮箱验证即可成为皮书数据库用户。

用户福利

- 已注册用户购书后可免费获赠100元皮书数据库充值卡。刮开充值卡涂层获取充值密码，登录并进入"会员中心"—"在线充值"—"充值卡充值"，充值成功即可购买和查看数据库内容。
- 用户福利最终解释权归社会科学文献出版社所有。

数据库服务热线：400-008-6695
数据库服务QQ：2475522410
数据库服务邮箱：database@ssap.cn
图书销售热线：010-59367070/7028
图书服务QQ：1265056568
图书服务邮箱：duzhe@ssap.cn

社会科学文献出版社 皮书系列
SOCIAL SCIENCES ACADEMIC PRESS (CHINA)

卡号：598944573418
密码：

S 基本子库
SUB DATABASE

中国社会发展数据库（下设 12 个专题子库）

紧扣人口、政治、外交、法律、教育、医疗卫生、资源环境等 12 个社会发展领域的前沿和热点，全面整合专业著作、智库报告、学术资讯、调研数据等类型资源，帮助用户追踪中国社会发展动态、研究社会发展战略与政策、了解社会热点问题、分析社会发展趋势。

中国经济发展数据库（下设 12 专题子库）

内容涵盖宏观经济、产业经济、工业经济、农业经济、财政金融、房地产经济、城市经济、商业贸易等 12 个重点经济领域，为把握经济运行态势、洞察经济发展规律、研判经济发展趋势、进行经济调控决策提供参考和依据。

中国行业发展数据库（下设 17 个专题子库）

以中国国民经济行业分类为依据，覆盖金融业、旅游业、交通运输业、能源矿产业、制造业等 100 多个行业，跟踪分析国民经济相关行业市场运行状况和政策导向，汇集行业发展前沿资讯，为投资、从业及各种经济决策提供理论支撑和实践指导。

中国区域发展数据库（下设 4 个专题子库）

对中国特定区域内的经济、社会、文化等领域现状与发展情况进行深度分析和预测，涉及省级行政区、城市群、城市、农村等不同维度，研究层级至县及县以下行政区，为学者研究地方经济社会宏观态势、经验模式、发展案例提供支撑，为地方政府决策提供参考。

中国文化传媒数据库（下设 18 个专题子库）

内容覆盖文化产业、新闻传播、电影娱乐、文学艺术、群众文化、图书情报等 18 个重点研究领域，聚焦文化传媒领域发展前沿、热点话题、行业实践，服务用户的教学科研、文化投资、企业规划等需要。

世界经济与国际关系数据库（下设 6 个专题子库）

整合世界经济、国际政治、世界文化与科技、全球性问题、国际组织与国际法、区域研究 6 大领域研究成果，对世界经济形势、国际形势进行连续性深度分析，对年度热点问题进行专题解读，为研判全球发展趋势提供事实和数据支持。

法律声明

"皮书系列"（含蓝皮书、绿皮书、黄皮书）之品牌由社会科学文献出版社最早使用并持续至今，现已被中国图书行业所熟知。"皮书系列"的相关商标已在国家商标管理部门商标局注册，包括但不限于 LOGO（▨）、皮书、Pishu、经济蓝皮书、社会蓝皮书等。"皮书系列"图书的注册商标专用权及封面设计、版式设计的著作权均为社会科学文献出版社所有。未经社会科学文献出版社书面授权许可，任何使用与"皮书系列"图书注册商标、封面设计、版式设计相同或者近似的文字、图形或其组合的行为均系侵权行为。

经作者授权，本书的专有出版权及信息网络传播权等为社会科学文献出版社享有。未经社会科学文献出版社书面授权许可，任何就本书内容的复制、发行或以数字形式进行网络传播的行为均系侵权行为。

社会科学文献出版社将通过法律途径追究上述侵权行为的法律责任，维护自身合法权益。

欢迎社会各界人士对侵犯社会科学文献出版社上述权利的侵权行为进行举报。电话：010-59367121，电子邮箱：fawubu@ssap.cn。

社会科学文献出版社